U0897879

为承德而设计
Forging Ahead
DESIGN
FOR
CHENGDE

一路潜行

甄永亮　熊　英　韩相理　苏丽萍 著

燕山大学出版社
·秦皇岛·

图书在版编目（CIP）数据

一路潜行：为承德而设计 / 甄永亮等著. —秦皇岛：燕山大学出版社，2021.6（2026.1重印）
ISBN 978-7-5761-0195-9

Ⅰ.①一… Ⅱ.①甄… Ⅲ.①设计—作品集—中国—现代 Ⅳ.①J121

中国版本图书馆CIP数据核字（2021）第104728号

一路潜行：为承德而设计

甄永亮　熊　英　韩相理　苏丽萍　著

出 版 人：陈　玉
责任编辑：张岳洪
封面设计：郑欣怡
出版发行：燕山大学出版社 YANSHAN UNIVERSITY PRESS
地　　址：河北省秦皇岛市河北大街西段438号
邮政编码：066004
电　　话：0335-8387555
印　　刷：廊坊市印艺阁数字科技有限公司
经　　销：全国新华书店

开　　本：889mm×1194mm　1/16　　印　　张：8.25　　字　　数：100千字
版　　次：2021年6月第1版　　印　　次：2026年1月第2次印刷
书　　号：ISBN 978-7-5761-0195-9
定　　价：98.00元

河北民族师范学院应用型大学建设系列成果之一
河北民族师范学院2020年度校级学术著作出版基金支持项目（基金编号：2020ZZ003）
河北民族师范学院教师工作室一片林设计顾问工作室建设阶段性成果之一

序

岁月如流，转眼间，河北民族师范学院美术与设计学院工作室教学已开展五年有余。几年里，美术与设计学院始终立足学校“师范性、民族性、应用型、开放式”办学定位，确定了“立足师范教育，强化内涵建设，注重专业属性，对接地方需求，融入民族特色”的办学理念，以服务地方为使命，以工作室教学为保证，以具体课题为支撑，打造产、教、研、创、用一体化的应用型学院。其中由甄永亮副教授负责的一片林设计顾问工作室，以“为承德而设计”作为工作室的运营理念，紧紧围绕服务地方而设计，师生同进，教学相长，共同在“做中学、做中教、做中求发展”，五年来为承德城区的企事业单位完成各类设计 330 余项，学生参加国内外设计展览及竞赛获奖 1000 余项。硕果累累，成绩显著。这些成绩的取得，既是师生共同努力的结果，也体现了教学改革的成效。

2020 年，恰逢河北民族师范学院“河北省转型发展型试点院校”评估，甄永亮老师带领团队完成了河北民族师范学院应用型大学建设成果之一的“为承德而设计”展览，得到了评估专家的肯定与好评。基于此，由甄永亮、熊英、韩相理、苏丽萍合著的《一路潜行：为承德而设计》一书应运而生。书中设计项目均为展览中的代表性作品，既有实际设计项目，又有科研项目和学科竞赛获奖作品。在 2020 年之初新冠病毒肆虐期间，师生设计抗击疫情的公益海报 50 余幅，以设计的力量助力疫情防控；无偿为贫困村的农产品设计商标、包装，用设计的力量助力乡村振兴。

本书的出版，是美术与设计学院在服务地方产业、助力承德振兴方面的一次小小的成果汇报，也是我们在转型发展之路上迈出的第一步。我们在特色高水平应用型民族师范大学建设中的探索将持续深入进行下去。“枝头青杏小，柳上雏燕飞。”期之未来，我们将大有作为！

李克军

河北民族师范学院副校长

DESIGN FOR CHENGD

目录

DESIGN
FOR
CHENGD

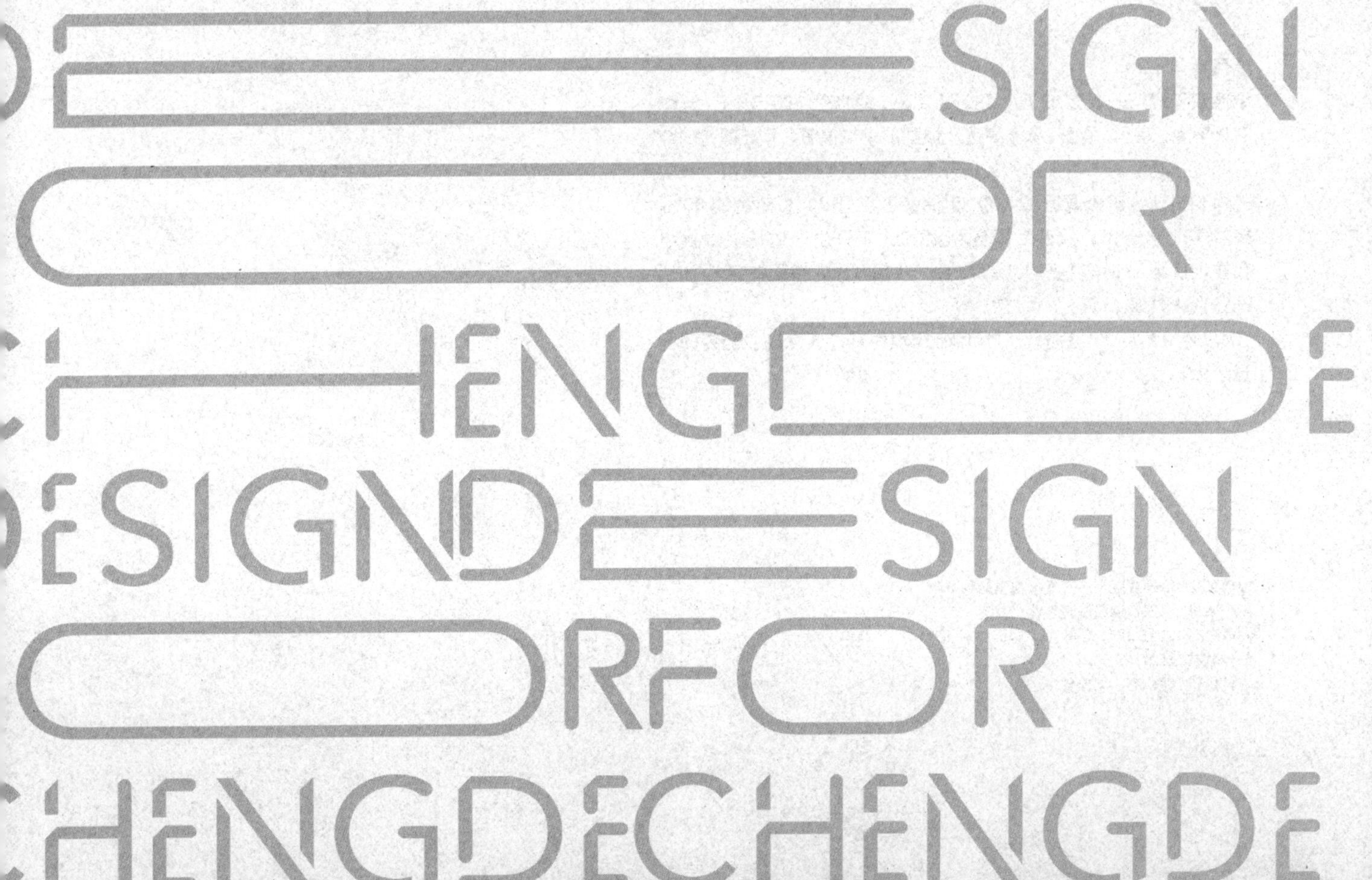

承德双滦经济开发区
Chengde Shuangluan Economic Development Zone

创意阐释：

标志以双滦经济开发区的开头字母“s”和地标性自然景观“双塔山”为创意点，将“s”进行艺术化处理，形状飞扬似长龙，似流动的河水。长龙象征着开发区的龙头作用，河水象征着滦河水。“山不在高，有仙则名。水不在深，有龙则灵”，标志中有山有水有龙，寓意双滦经济开发区占据着天时地利人和，必将与时俱进，繁荣发展。

项目背景：

承德双滦经济开发区位于承德市双滦区，距北京 180 千米、天津 320 千米，京承、承唐、承赤高速及拟建的京沈高铁、承张高速均穿区而过，是承德市首个省级经济开发区。境内矿产资源丰富，其中已探明钒钛铁矿资源近百亿吨，钒储量占我国探明总储量的 40%，是我国北方最大的钒钛资源基地。双滦经济开发区依托资源优势和技术优势，把建设双滦钒钛冶金产业集群作为重要抓手，加快产业优化升级，打造“北方钒都”。

2015 年 11 月，一片林设计顾问工作室为其设计完成了全新的视觉形象。

项目名称：承德双滦经济开发区视觉形象设计
采用单位：承德双滦经济开发区
完成时间：2015.11
创作总监：甄永亮
设计执行：甄永亮、刘佳佳

SEDZ
承德双滦经济开发区

创意阐释：

造悟艺术空间以造、悟、物为经营理念，标志将字体处理简化到极致，图形以多边形为主图形，颜色以渐变为主，标志和图形千变万化，却万变不离其宗，充满了趣味性，寓意造悟艺术空间将每一个项目都做到极致的设计追求。

项目名称：造悟之物品牌形象设计
采用单位：承德造悟之物空间设计有限公司
完成时间：2020.09
创作总监：甄永亮
设计执行：甄永亮
专业奖项：首届全国平面设计大展 入会资格奖（中国美术家协会）

Create
Realize
Things
艺/术/空/间
Enlightened
Art
Space
Create
Realize
Things
艺/术/空/间
Enlightened
Art
Space

曹加帅

Jiashuai Cao Design Director
T: 138-3244-6829
M: createthings@126.com
W: www.createthings.com

承德市農林科學院
Chengde Academy of Agricultural and Forestry Sciences

创意阐释：

1. 标志将承德的拼音开头字母“C、D”和绿叶、手、太极图及植物基因序列图等元素融合在整个设计中，生成了一个简洁、大气、充满着动感和生机的形象。

2. 绿叶象征着承德的山青水绿、地沃野丰，标志的形态似植物基因序列图，很好地体现了农林科学院的行业特色；“C、D”的形状以飞白的形式进行处理，充满了动感，寓意承德市农林科学院充沛的发展动力。两片叶子分别象征着农业和林业，相互支撑，共同发展。

3. 标志用色明快鲜活，色调清新向上。天蓝，取之于天，时代所驱；绿色，取之于地，生态友好，万物和谐。

项目名称：承德市农林科学院品牌形象设计
采用单位：承德市农林科学院
完成时间：2018.12
创作总监：甄永亮
设计执行：甄永亮、高　旭

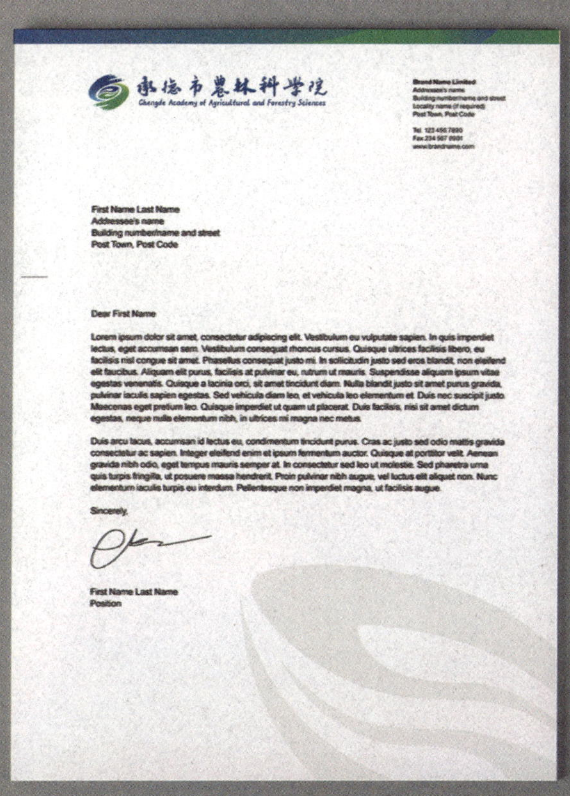
承德市农林科学院
Chengde Academy of Agricultural and Forestry Sciences
First Name Last Name
Addressee's name
Building number/name and street
Post Town, Post Code
Dear First Name
Sincerely,
First Name Last Name
Position

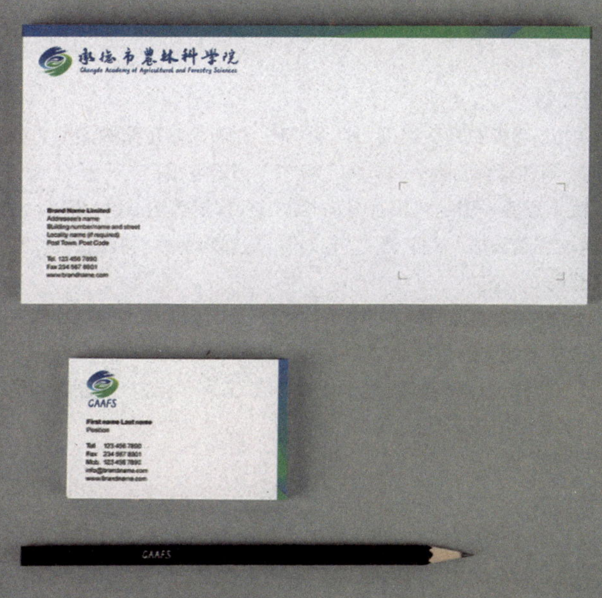
承德市农林科学院
Chengde Academy of Agricultural and Forestry Sciences
CAAFS

创意阐释：

1. 标志以鸿泰的开头字母"H"和"T"、"川"以及鼎的造型为创意点，将四者融合为一体，"H"和"T"巧妙地组合在一起形成川字，使人直接联想到鸿泰百川，一目了然，视觉传达准确、直接。
2. 鼎象征着诚信、鼎盛、鼎力、实力等，寓意鸿泰百川诚信经营、实力雄厚。
3. "H"和"T"组成三笔"川"字，象征着"道生一，一生二，二生三，三生万物"的哲学思想。
4. 标志整体设计严谨、稳健、大气、简洁，充满了张力，象征着鸿泰百川美好的发展前景。

项目背景：

承德鸿泰百川工程机械销售有限公司主要负责承德市区域内三一挖掘机整机销售、售后服务工作，配件销售、租赁，二手机交易等。承德鸿泰百川三一重机6S店占地1万平方米，总投资4000万元，是三一重工在国内的一级代理商。该6S店的投入使用，不仅能够为承德区域内工程机械用户提供产品服务，更能够辐射内蒙古赤峰，辽宁朝阳，河北唐山、秦皇岛等区域。

2015年8月，一片林设计团队为该公司设计完成了全新视觉形象。

项目名称：鸿泰百川品牌形象设计
采用单位：承德鸿泰百川工程机械销售有限公司
完成时间：2015.08
创作总监：甄永亮
设计执行：甄永亮、刘佳佳、赵　楠

鸿泰百川
Hong tai bai chuan

创意阐释：

天圆是中国古代的一种哲学思想，是阴阳学说的一种体现，天与圆象征着运动，两者的结合则是阴阳平衡、动静互补，展现出了企业在这个大时代背景下发展得游刃有余。标志似一只大鹏冲破天际，寓意企业良好的发展前景。

标志颜色以环保绿和科技蓝为主色调，绿色代表着安全、舒适、环保，象征着旺盛的生命力。蓝色代表了科技、忠诚，寓意企业不断地开拓创新，追求卓越。

项目名称：悟天河北医疗科技有限公司标志设计
采用单位：悟天河北医疗科技有限公司
完成时间：2021.02
创作总监：甄永亮
设计执行：闫刚鑫

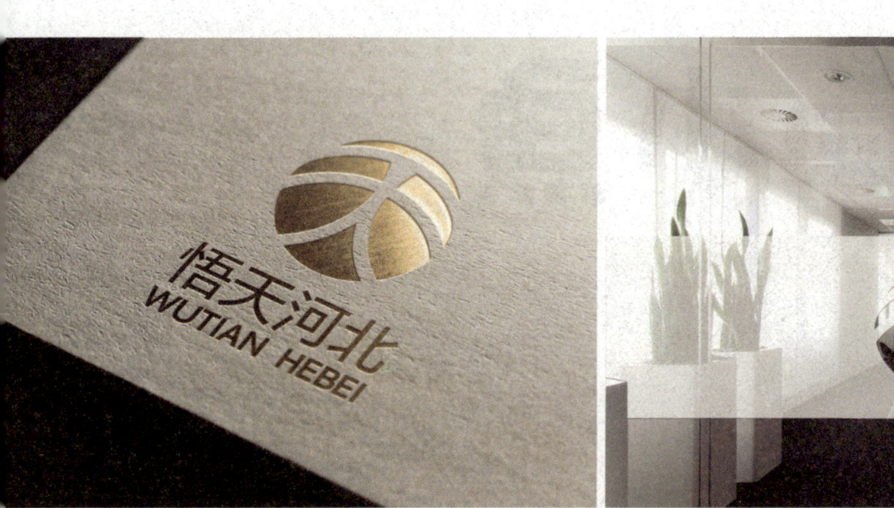

悟天河北
WUTIAN HEBEI

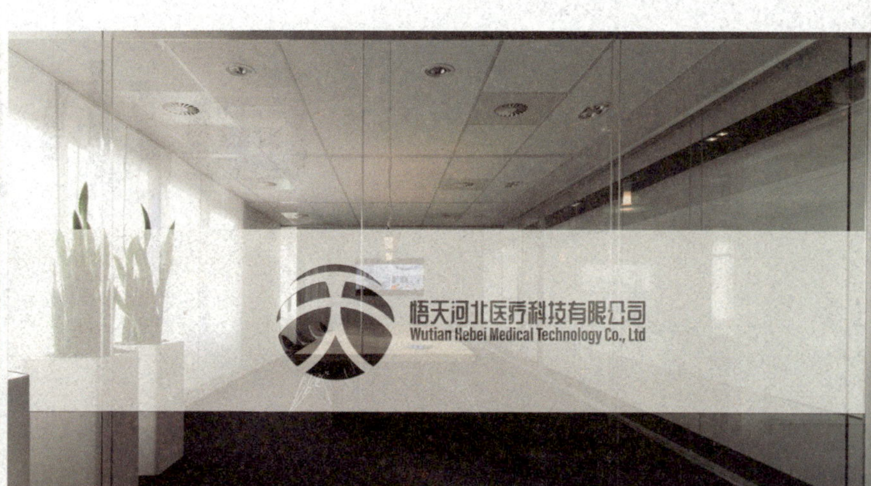

悟天河北医疗科技有限公司
Wutian Hebei Medical Technology Co., Ltd

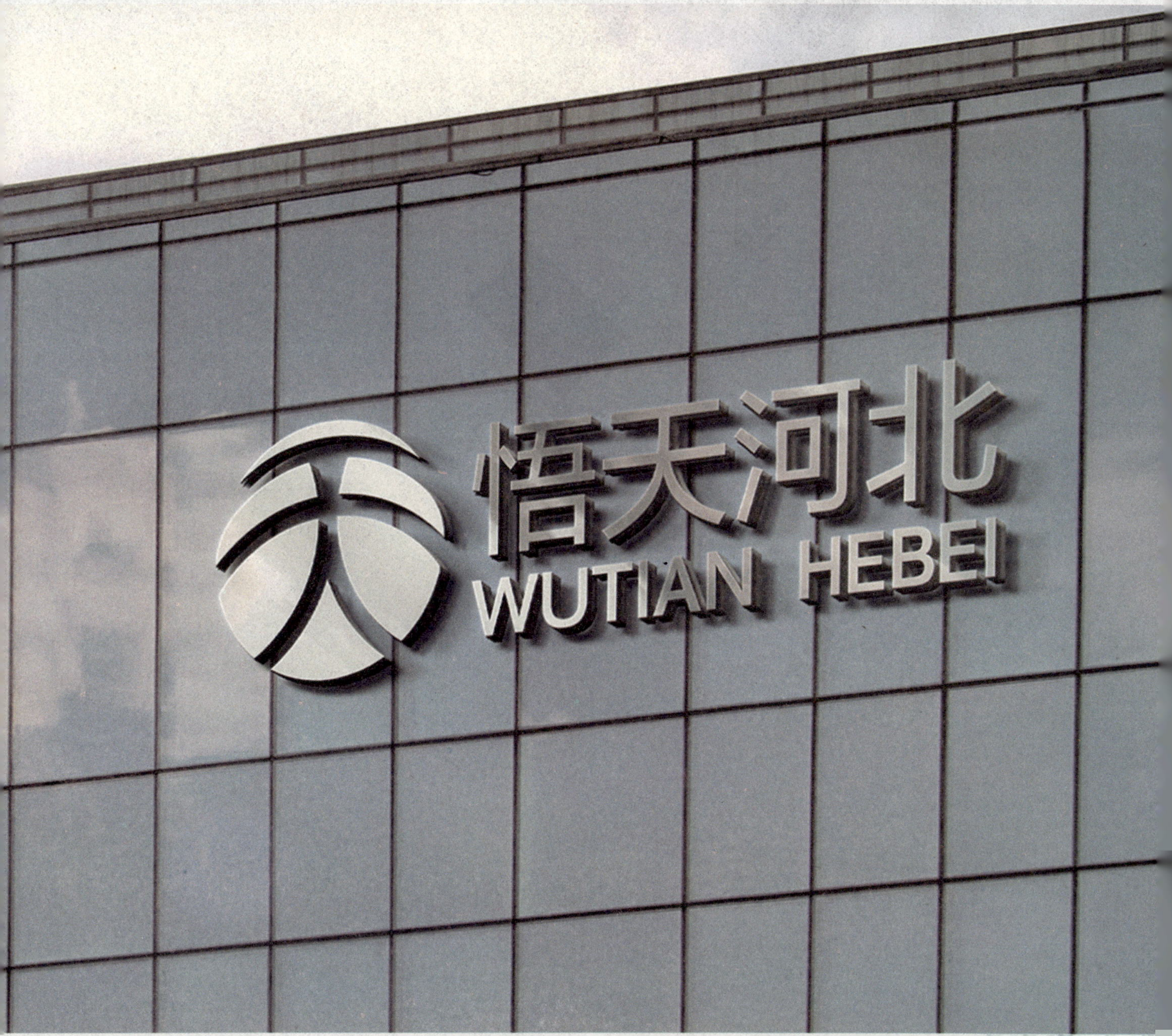
悟天河北
WUTIAN HEBEI

白小鱼

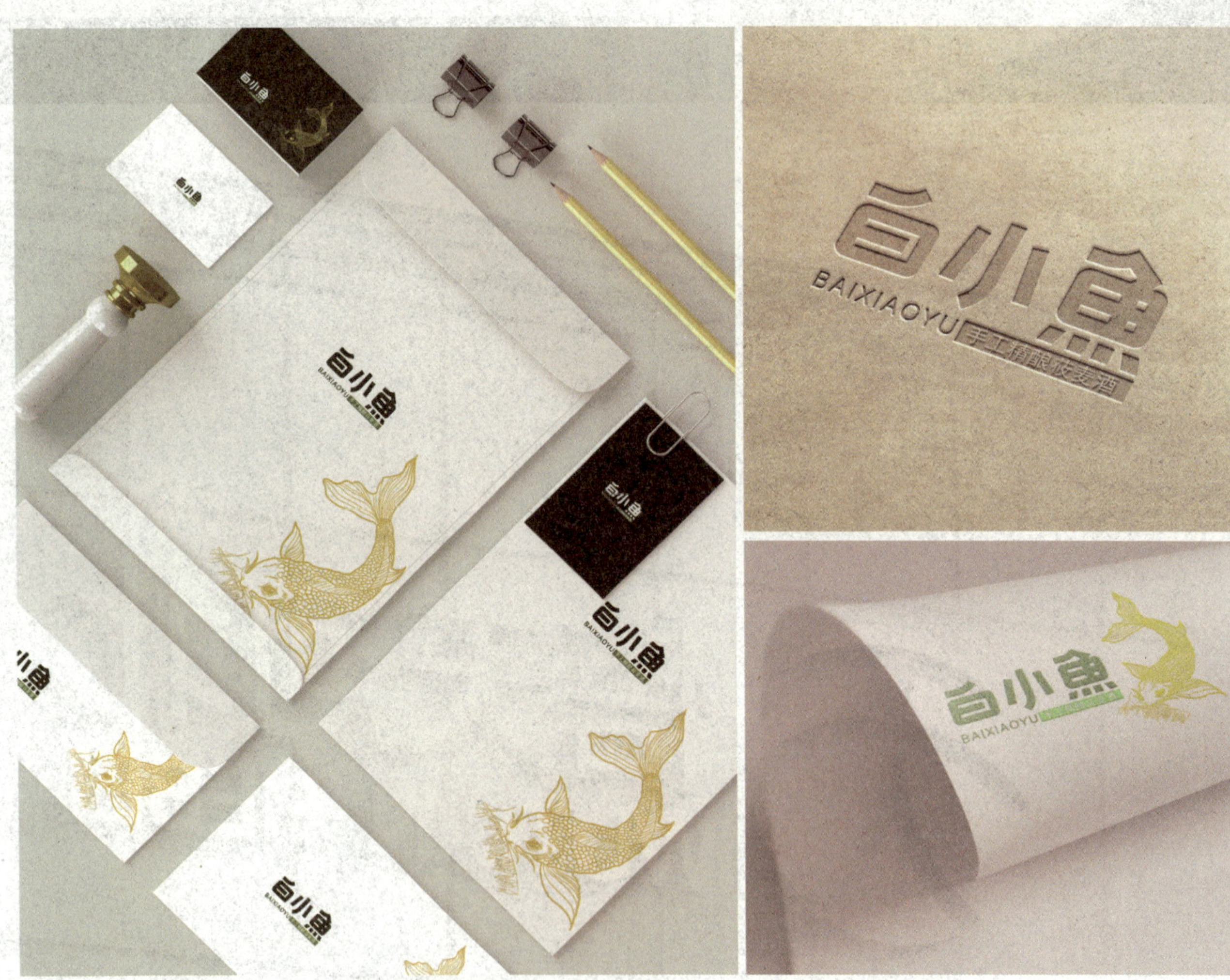

项目名称：白小鱼品牌设计
采用单位：白小鱼酒业
完成时间：2019.08
创作总监：甄永亮
设计执行：甄永亮、李　雪

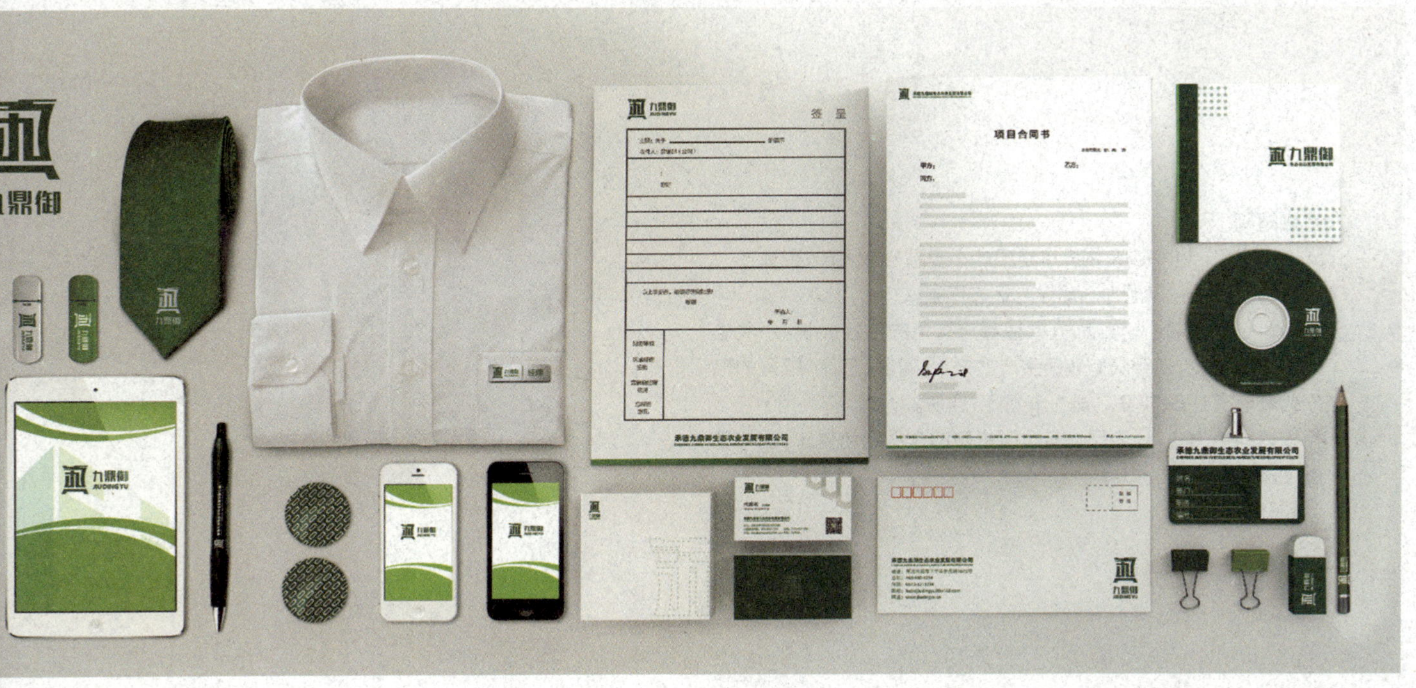

创意阐释：

1. 标志整体以鼎的形状和公司名称“九”字设计结合组成。
2. 公司名称“九”字是从书法和印章简化演变而来；鼎是古代旌功记绩的礼器，“鼎”字具有“显赫、尊贵、盛大”的引申义，表示企业在该领域的地位，绿色象征现代的生态农业，两者结合表示公司不仅要继承传统农业文化，而且要不懈地发展现代化生态农业文化。

项目名称：九鼎御品牌形象设计
采用单位：承德九鼎御生态农业发展有限公司
完成时间：2019.12
创作总监：甄永亮
设计执行：王　超
专业奖项：中国包装创意设计大赛　三等奖

创意阐释：

logo以鲤鱼、叶子以及由叶子组成的小麦融合在一起，形成了一个简约、大气、充满活力与动律的标志形象。

绿叶象征着生机，充满活力，象征着庆有鱼的茁壮成长。小麦象征着生态农业，表明庆有鱼所生产的产品，营养、健康。鲤鱼的形象代表着庆有鱼的“鱼”，象征着富足，吉庆。

标志以绿色为主，代表了庆有鱼所生产的产品绿色健康，也代表着生态农业的行业特点。

项目名称：庆有鱼品牌形象设计
采用单位：承德庆有鱼生态农业发展有限公司
完成时间：2018.11
创意总监：甄永亮
设计执行：高　旭、甄永亮

庆有鱼
QINGYOUYU
承德庆有鱼生态农业发展有限公司

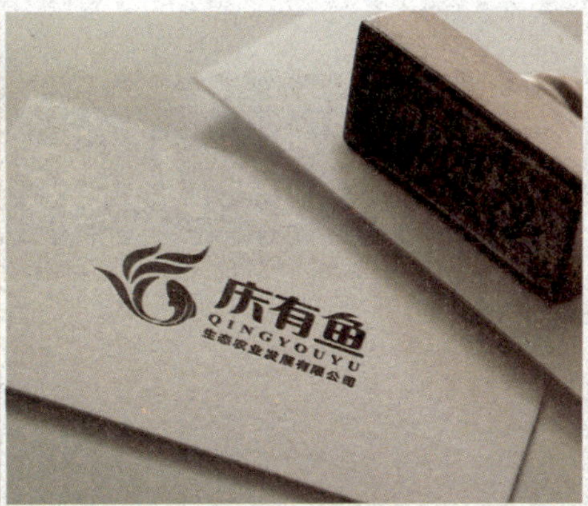
庆有鱼
QINGYOUYU
生态农业发展有限公司

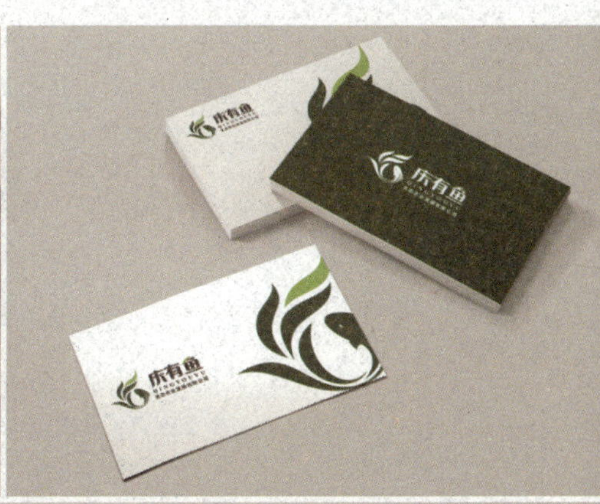

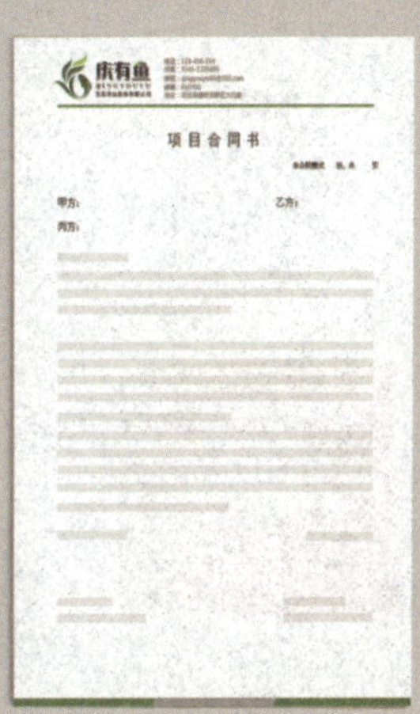

档案袋
FILEBAG

创意阐释:

乾隆皇帝在《汲伊逊水烹茶》诗中说道:"伊逊之水第一品,其质则轻味甘甚。"

伊逊山泉标志以企业名称为切入点,设计出具有乾隆皇帝书法特点的字体,并与"避暑山庄"匾额相结合,很好地体现了地域性和文化性,表达了让皇家御水走进千家万户的发展愿景。

项目名称:伊逊山泉品牌设计
采用单位:承德伊逊山泉饮品有限公司
完成时间:2015.09
创作总监:甄永亮
设计执行:甄永亮、赵　楠、赵　迅

公司简介:

承德伊逊山泉饮品有限公司成立于2000年,注册资本5000万元,位于中国承德,地处滦河水系重要支流美丽的伊逊河畔。这里是京、津、唐地区重要的水源地,风景怡人、植被丰富,是食品饮料生产加工企业理想的水源地。这也是昔日的皇家水源地。公司主要生产高中档瓶、桶装饮用天然矿泉水及优质天然泉水、果蔬汁饮料、茶饮料等,产品品质安全可靠,口感清凉甘甜,远销华北、东北、华东及周边各省份大、中型城市,备受消费者青睐。

创意阐释：

标志将承德皇家建筑的特点进行了概括化的处理，体现了承德本地的文化内涵，将山的形象和水的韵律与屋顶的形状巧妙地融合在一起，让人感受到一种身处于集文化与自然于一体的美好环境的愉悦与满足。

标志采用蓝色与黄绿色为主体颜色，蓝色象征着纯净、广袤，体现出承德农产品种植环境的优渥；黄绿色则代表着天然、健康与丰收，更加能表现出承德山水的农产品的优良品质。

项目名称：承德山水标志设计
完成时间：2020.05
创作总监：甄永亮
设计执行：张雨晨
专业奖项：承德山水标志征集三等奖

项目名称：燕山金渊品牌设计
采用单位：承德御道融创文化传媒有限公司
完成时间：2018.12
创作总监：甄永亮
设计执行：张冬冬

项目名称：山海和地标志设计
采用单位：山海和地农业发展有限公司
完成时间：2019.09
创意总监：甄永亮
设计执行：赵琦琦、王晓颖
专业奖项：第二届全国新闻出版行业设计大赛 三等奖

创意阐释：

标志以乾隆御笔的热河二字为创意点，乾隆的书法极具识别性和个人特点，标志下方将食用菌的元素融入其中。

皇庄二字的设计灵感来自清代皇帝玉玺，设计以简洁为主，同时将皇宫的布局特点融入其中，大道至简。

标志颜色以红黄为主色调，既代表皇家特点，又寓意红红火火的发展前景。

企业简介：

承德双承生物科技股份有限公司成立于 2012 年 6 月，厂区坐落于河北省承德县头沟镇，占地 4100 余亩，设有双庙、瓦房两个生产厂和朱营等七个出菇园区。公司主营食用菌菌种研发推广，工厂化食用菌种植、食用菌深加工，生物有机肥生产业务，建立食用菌菌种研发中心、菌种厂、食用菌种植、食用菌深加工、生物有机肥生产等多元化农业模式。公司将“ 热河皇庄 ”作为高端食用菌品牌进行推广，力求融入皇家文化，彰显皇家特色。

项目名称：热河皇庄品牌形象设计
采用单位：承德双承生物科技股份有限公司
完成时间：2020.09
创意总监：甄永亮
设计执行：曹加帅、陈　明

创意阐释：

标志以温州人家酒店名称的开头字母“W”为创意点，同时温州是“鱼米之乡”，标志将“W”和象征着吉祥的鱼巧妙结合，视觉表达简洁、准确、直接。鱼有诸多美好的寓意如连年有余、如鱼得水、鱼跃龙门等等，象征着温州人家酒店美好的发展前景。

项目名称：温州人家酒店品牌形象设计
采用单位：温州人家酒店
完成时间：2015.10
创作总监：甄永亮
设计执行：甄永亮、刘佳佳、赵　楠

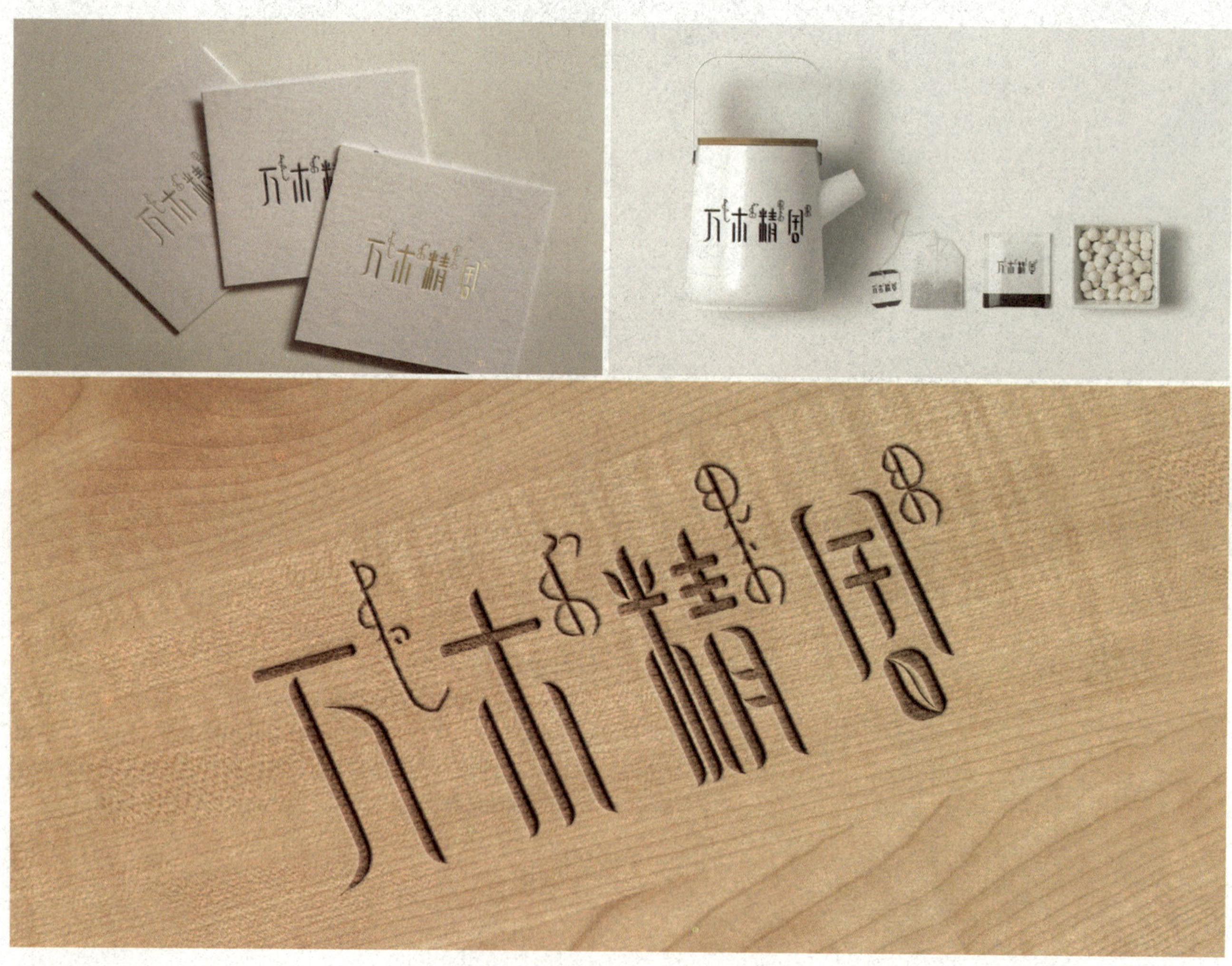

项目名称：万木精舍品牌设计
采用单位：承德新境文化传播有限公司
完成时间：2016.04
创作总监：甄永亮
设计执行：刘星池
专业奖项：第八届山东省设计艺术大赛　二等奖

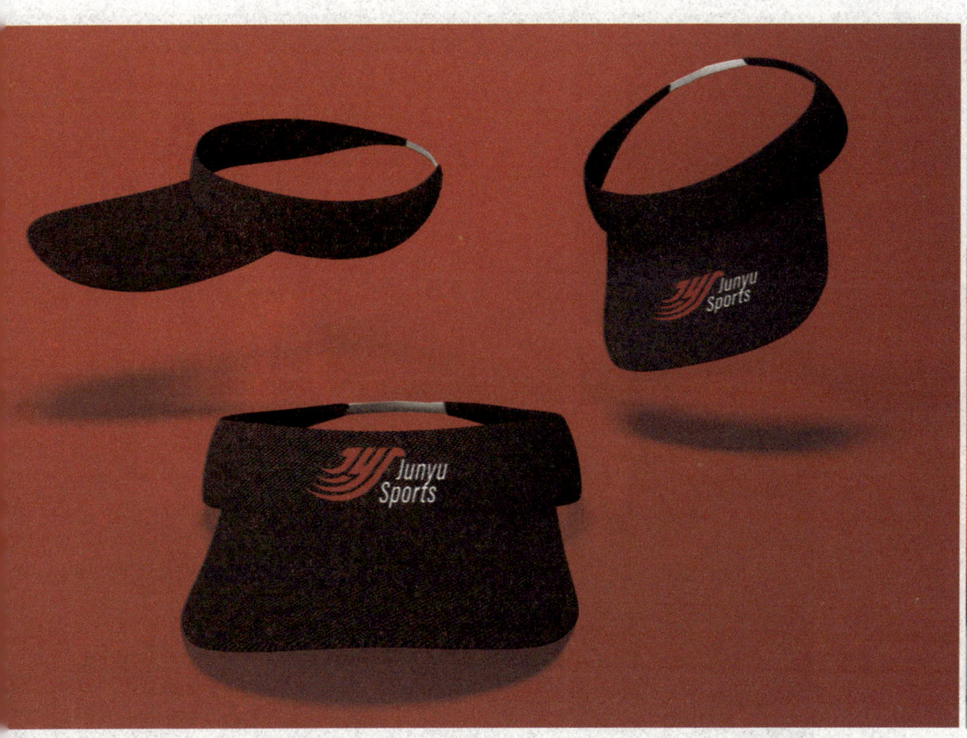

创意阐释：

标志以君与体育的的英文首字母“JYS”组成，形象动感、简洁、充满青春和活力的同时将跑道、闪电的速度等代表元素结合在一起，其中跑道代表体育行业特征，通天大道寓意行达天下的经营理念，闪电寓意速度。标志整体动静结合，将公司理念与特色表露无遗。标志的颜色为红色和蓝色，红色是最引人注目的色彩，具有强烈的感染力，给人以青春活力、热情奔放、积极向上的感觉。

项目名称：君与体育标志设计
采用单位：承德君与体育文化发展有限公司
完成时间：2020.04
创作总监：甄永亮
设计执行：李　雪、陈　明
专业奖项：东方创意之星设计大赛 入围奖

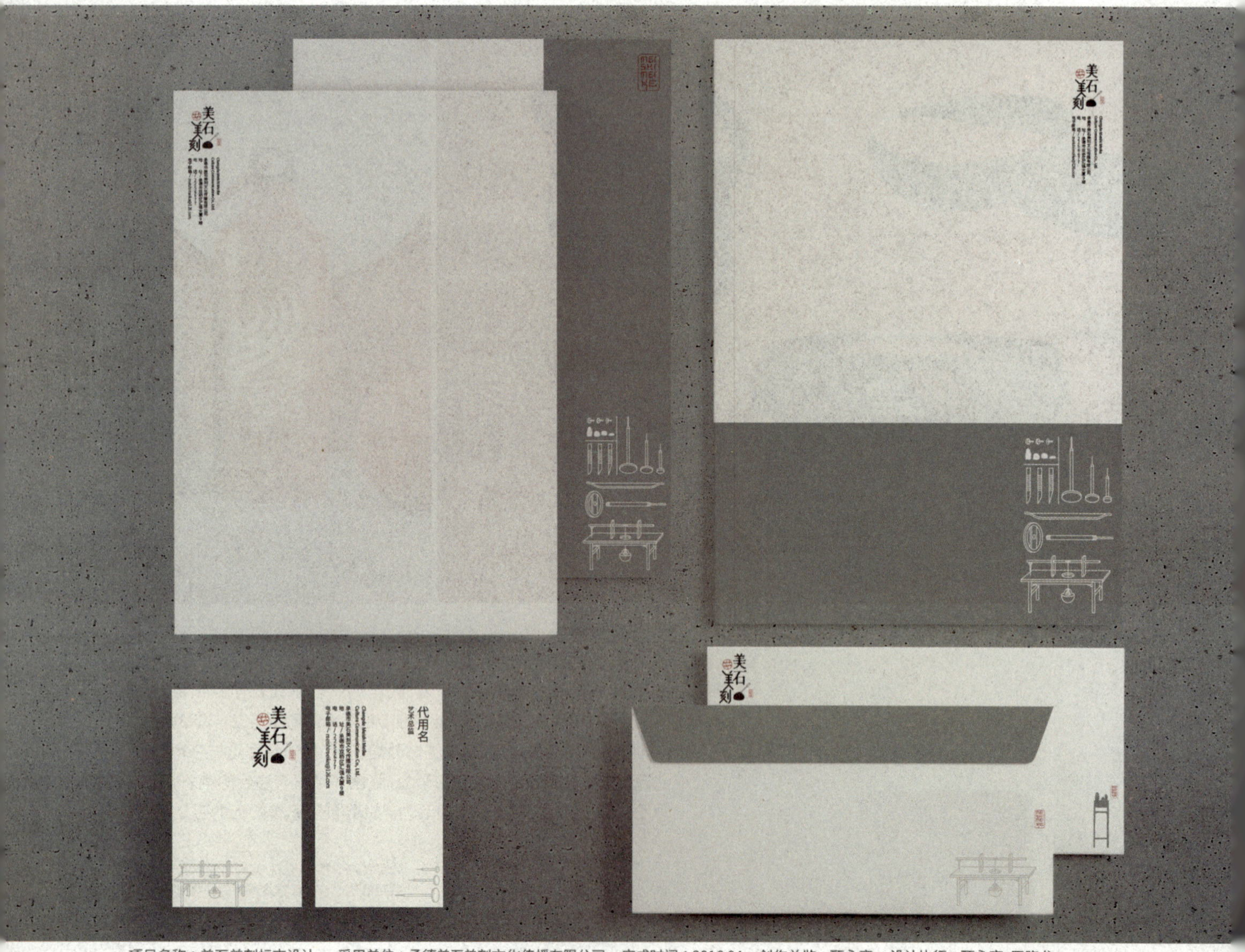

项目名称：美石美刻标志设计　采用单位：承德美石美刻文化传播有限公司　完成时间：2016.04　创作总监：甄永亮　设计执行：甄永亮、王晓龙

创意阐释:

会徽将“长城”“手”“避暑山庄”“祥云”等元素巧妙地结合在一起，长城象征着保护、防御，手寓意大家共同动手保护避暑山庄外八庙等名胜古迹，黄色象征着皇家寺庙，红色代表着无私的奉献精神。

项目名称：中国避暑山庄外八庙保护协会会徽设计
采用单位：中国避暑山庄外八庙保护协会
完成时间：2015.12
创作总监：甄永亮
设计执行：甄永亮、赵 楠

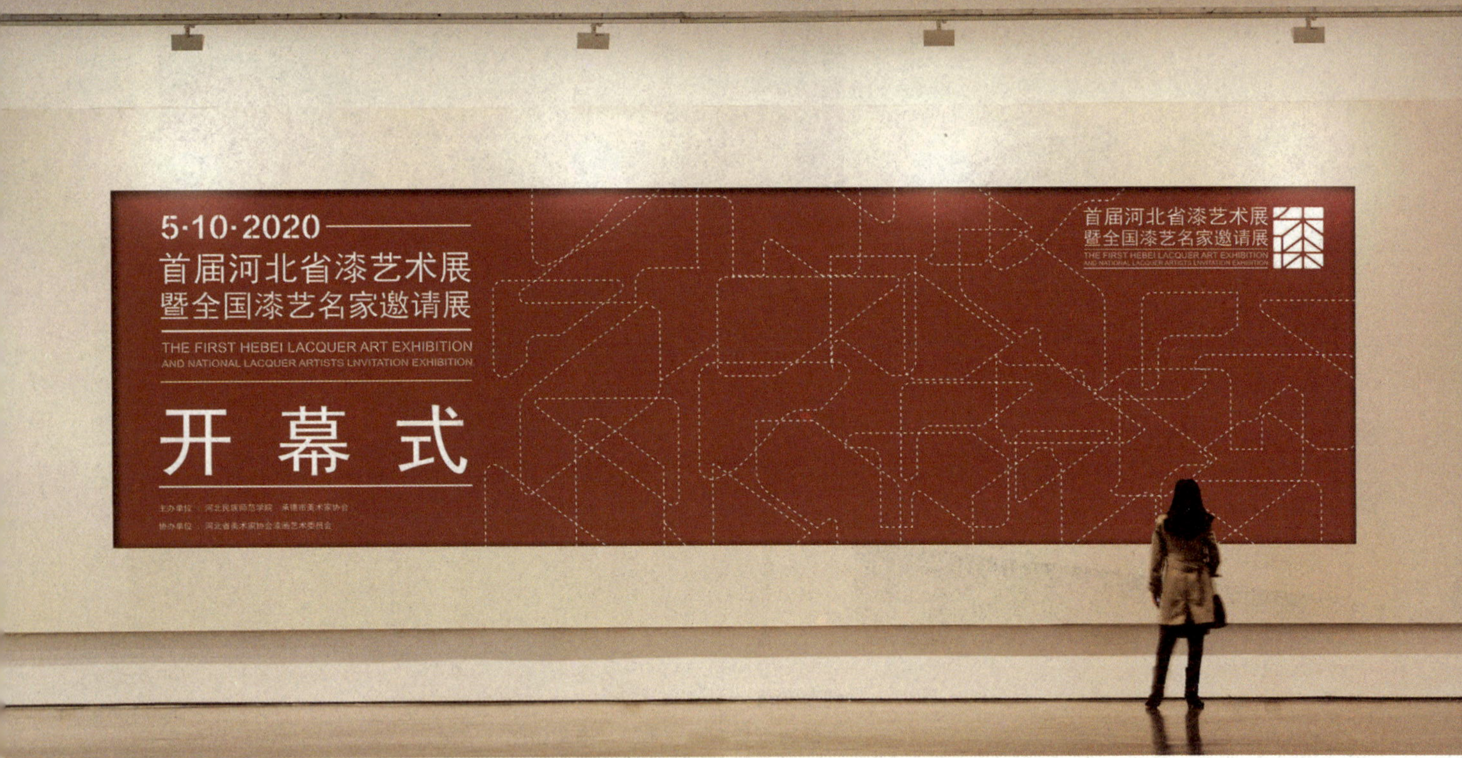

项目名称：首届河北省漆艺术展视觉形象设计
采用单位：河北美术家协会漆艺术委员会
完成时间：2019.12
创作总监：甄永亮
设计执行：赵琦琦、甄永亮
专业奖项：中国包装创意设计大赛　三等奖

贴邮
票处
首届河北省漆艺术展
暨全国漆艺名家邀请展

贴邮
票处
首届河北省漆艺术展
暨全国漆艺名家邀请展

首届河北省漆艺术展
暨全国漆艺名家邀请展
参展证书
EXHIBITION CERTIFICATE

首届河北省漆艺术展
暨全国漆艺名家邀请展
邀请函
INVITATION

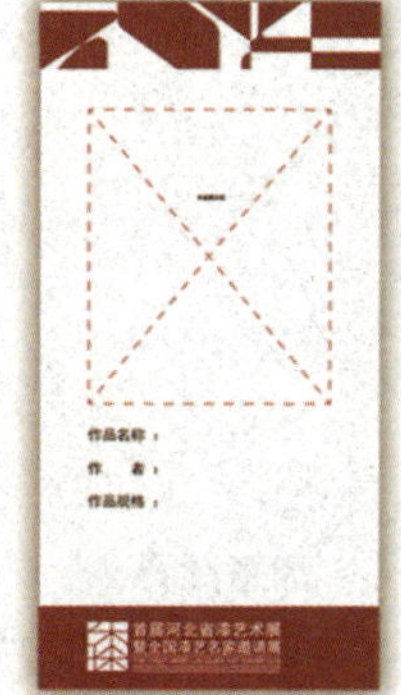
作品名称：
作　者：
作品规格：
首届河北省漆艺术展
暨全国漆艺名家邀请展

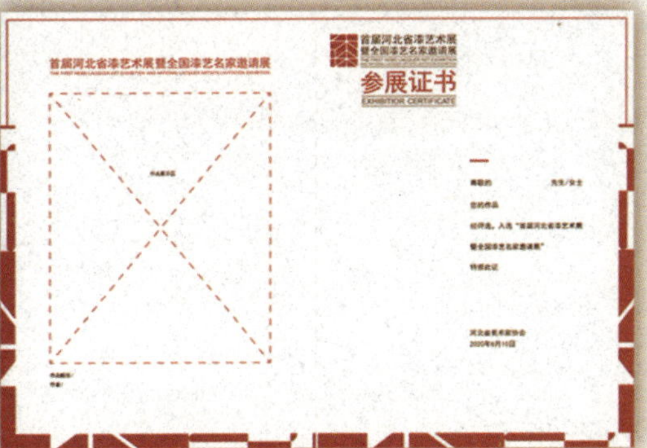
首届河北省漆艺术展暨全国漆艺名家邀请展
首届河北省漆艺术展
暨全国漆艺名家邀请展
参展证书
EXHIBITION CERTIFICATE

首届河北省漆艺术展
暨全国漆艺名家邀请展
尊敬的 先生/女士
您好！
诚意邀请您参加“首届河北省漆艺术展
暨全国漆艺名家邀请展”
恭迎光临！
河北省美术家协会
2020年4月10日

作品名称：
作　者：
作品规格：
首届河北省漆艺术展
暨全国漆艺名家邀请展

首届河北省漆艺术展
暨全国漆艺名家邀请展
5.10
5.25
2020
5·10·2020
10:00

首届河北省漆艺术展
暨全国漆艺名家邀请展
5.10
5.25
2020
5·10·2020
10:00
承德市鼎盛书画院

首届河北省漆艺术展
暨全国漆艺名家邀请展
5.10
5.25
2020
5·10·2020
10:00

首届河北省漆艺术展 暨全国漆艺名家邀请展
5·10·2020
10:00
承德市鼎盛书画院

创意阐释：

1. 标志采用古代书籍之形，彰显其文化内涵，古色古香。
2. 负形为文津阁的建筑，突出特征，使人印象深刻。
3. "书籍是人类进步的阶梯"，标志强调了知识的重要性，两侧巧妙地将书页与楼梯结合，体现开放阅读、提倡全民阅读的理念。
4. 标志的颜色为红色，象征着活力、意志力、知识使人前进向

项目背景：

承德市图书馆以"推广全民阅读，建设书香承德"为己任，面向社会公众免费开放，其馆史可追溯到清乾隆年间建立的文津阁和尊经阁。为了保障公众文化权益，提升城市文化品质，完善城市文化功能，承德市图书馆便民公益"连锁"阅读推广服务项目"文津书房"应运而生。

2020 年 3 月，一片林设计顾问工作室在参与承德市图书馆"文津书房"标志征集中获得最佳设计奖，并被采用。

项目名称：文津书房标志设计
采用单位：承德市图书馆
完成时间：2020.04
创作总监：甄永亮
设计执行：王逸菲、甄永亮

文|津|书|房
WEN JIN STUDY
文|津|书|房
WEN JIN STUDY
文|津|书|房
WEN JIN STUDY
嘉和分馆

项目背景：

承德市第一幼儿园是承德市教育局直属的一所日托制幼儿园。位于避暑山庄清宫内，为清朝时“阿哥所”旧址。清康熙时皇帝每年巡幸热河，为不荒疏皇子教育，规定皇子皇孙六岁即入“阿哥所”读书。1948年承德解放，为解决当时省委、省政府干部子女的教育问题，在“阿哥所”旧址成立“中共热河省委直属保育院”，这就是承德市第一幼儿园的前身。热河省委直属保育院的建立也标志着承德市解放后幼儿教育的开始。

2020年3月，一片林设计顾问团队完成了承德市第一幼儿园的视觉形象设计。

项目名称：承德市第一幼儿园视觉形象设计
采用单位：承德市第一幼儿园
完成时间：2020.03
创作总监：甄永亮
设计执行：刘　杨、曹加帅

承德市第一幼儿园
CHENGDE NO.1 KINDERGARTEN
1949
承德市第一幼儿园
CHENGDE NO.1 KINDERGARTEN
1949
Dear Mr. Smith,
Sincerely,

创意阐释：

1.logo 以多元素组合的方式诠释办园理念：“ 保育教育并重，习惯品行兼优。”

2. 盾形给人以信赖感，寓意呵护、守护孩子的身心，让孩子们健康茁壮地成长，也具有保护知识和真理的意味。

3. 王冠不仅代表着孩子们的“ 公主梦 ”和“ 王子梦 ”，也代表着作为平泉市规模最大的幼儿园，努力向一流幼儿园发展的精神。

4.“ 盛世 ”字体的处理上更加流畅，同时加入了水滴的形象，对应平泉的四张名片之一辽河源头，寓意我们的教育如水般润物无声、潜移默化。

幼儿园简介：

平泉盛世幼儿园位于平泉市府后街与兴泉路交叉口，园所环境优美，布局合理，设备一流，是一所全日制民办普惠幼儿园，以“ 爱 ”为教育核心，以“ 亲自然、享自由、乐探索、生智慧 ”为办园目标。在平泉市幼儿教育发展中起到了引领示范作用，同时也是平泉市规模最大的幼儿园。

项目名称：盛世幼儿园视觉形象设计
采用单位：平泉盛世幼儿园
完成时间：2020.03
创作总监：甄永亮
设计执行：甄永亮、王逸菲

PINGQUAN SHENGSHI KINDERGARTEN
平泉盛世幼儿园

PINGQUAN SHENGSHI KINDERGARTEN
平泉盛世幼儿园

承德市文化创意产品研发中心

CHENGDE CULTURAL AND CREATIVE PRODUCT R&D CENTER

创意阐释：

1. 承德市文化创意产品研发中心标志以“创”字为创作中心，融合了回形纹、承德首字母“C、D”的表现形式。

2.“回形纹”是中国传统的吉祥图案（八祥之一），表达了源远流长、生生不息、九九归一、止于至善的中华民族优秀文化精髓。

3. 颜色主要运用了红色，象征着积极、热情、权威，寓意着承德市文化创意产品研发中心积极的创作态度，以及丰富的创作情感。

项目背景：

承德市文化创意产品研发中心依托河北民族师范学院，立足承德避暑山庄，在这片饱含神韵、缔造传奇的山水间，将皇家文化和满蒙文化相融合，打造地方特色鲜明、民族文化浓厚，集产、学、研、创、用于一体的文化创意产品研发新篇章。2020 年 12 月，承德市文化创意产品研发中心被承德市科技局批准为市级研发中心。

项目名称：承德市文化创意产品研发中心视觉形象设计
采用单位：承德市文化创意产品研发中心
完成时间：2020.12
创作总监：甄永亮
设计执行：赵晓亮

来宾卡
承德市文化创意产品研发中心
CHENGDE CULTURAL AND CREATIVE PRODUCT R&D CENTER

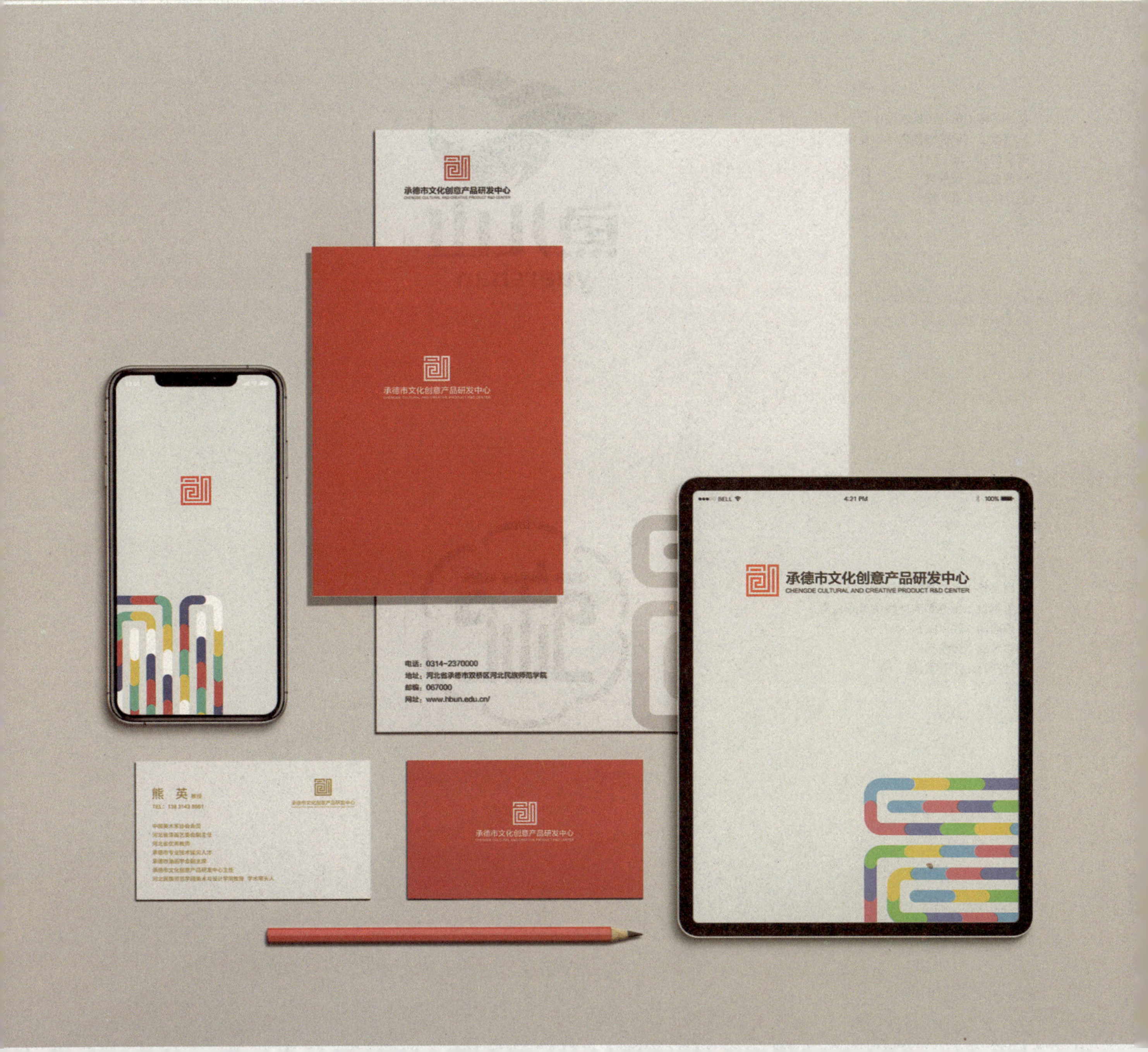

承德市文化创意产品研发中心
CHENGDE CULTURAL AND CREATIVE PRODUCT R&D CENTER
电话：0314-2370000
地址：河北省承德市双桥区河北民族师范学院
邮编：067000
网址：www.hbun.edu.cn/
熊 英

项目名称：滦福源品牌设计
采用单位：承德国营鱼儿山牧场
完成时间：2019.09
创意总监：甄永亮
设计执行：张佳丽

项目名称：鱼儿山标志设计
采用单位：承德国营鱼儿山牧场
完成时间：2019.11
创意总监：甄永亮
设计执行：张　莹

项目名称：御吉祥标志设计
采用单位：承德御吉祥商贸有限公司
完成时间：2020.11
创意总监：甄永亮
设计执行：赵莹莹、陈　明

项目名称：山海田文化标志设计
采用单位：山海田文化传播有限公司
完成时间：2020.12
创意总监：甄永亮
设计执行：甄永亮

项目名称：氢海坛科技标志设计
采用单位：河北氢海坛科技有限公司
完成时间：2020.12
创意总监：甄永亮
设计执行：闫刚鑫

项目名称：金米箩食品标志设计
采用单位：承德金米箩食品有限公司
完成时间：2015.10
创意总监：甄永亮
设计执行：刘佳佳

DESIG
FOR
CHENGD

项目名称：承月鲜枣包装设计
采用单位：承德市月光果树种植农民合作社
完成时间：2020.11
创作总监：甄永亮
设计执行：刘　杨、曹加帅

辣椒枣
—Hot pepper jujube—
净含量：2kg (500g × 4)

葫芦枣
—The gourd jujube—
净含量：500g

鸡蛋枣
净含量：2kg (500g × 4)

美容养颜要"枣" | 孝敬父母要"枣"
孔府酥枣
—Confucius crisp jujube—
净含量：2kg (500g × 4)
承德市月光果树种植农民专业合作社

美容养颜要"枣" | 孝敬父母要"枣"
茶壶枣
—The teapot jujube—
净含量：2kg (500g × 4)
承德市月光果树种植农民专业合作社

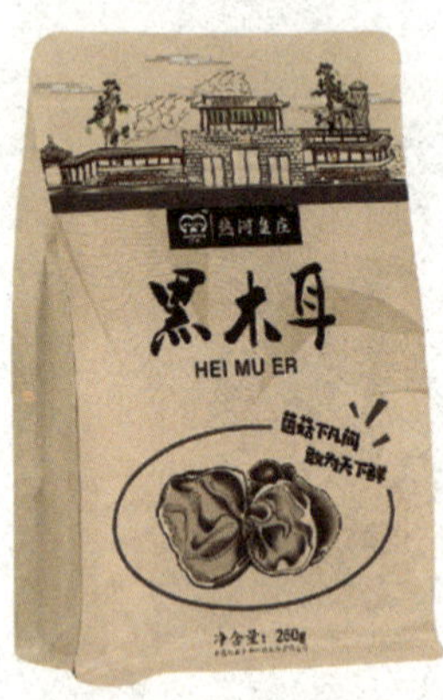

项目名称：热河皇庄菇世系列包装设计
采用单位：承德市双承生物科技股份有限公司
完成时间：2019.11
创作总监：甄永亮
设计执行：李朔领、张冬冬、李　雪

项目名称：热河皇庄菌类包装设计
采用单位：承德双承生物科技股份有限公司
完成时间：2020.06
创作总监：甄永亮
设计执行：张雨晨

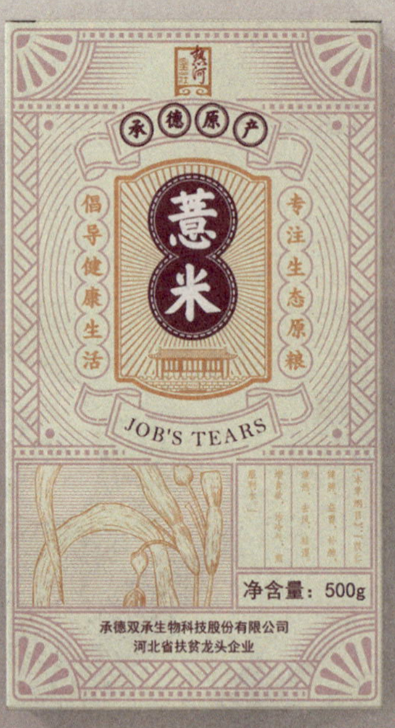

项目名称：热河皇庄系列杂粮包装设计
采用单位：承德双承生物科技股份有限公司
完成时间：2020.12
设计指导：甄永亮
设计执行：张雨晨、曹加帅

大米
倡导健康生活
专注生态原粮
RICE
净含量：500g
承德双承生物科技股份有限公司
河北省扶贫龙头企业
大米
专注生态原粮
倡导健康生活

藜麦
QUINOA
净含量：500g

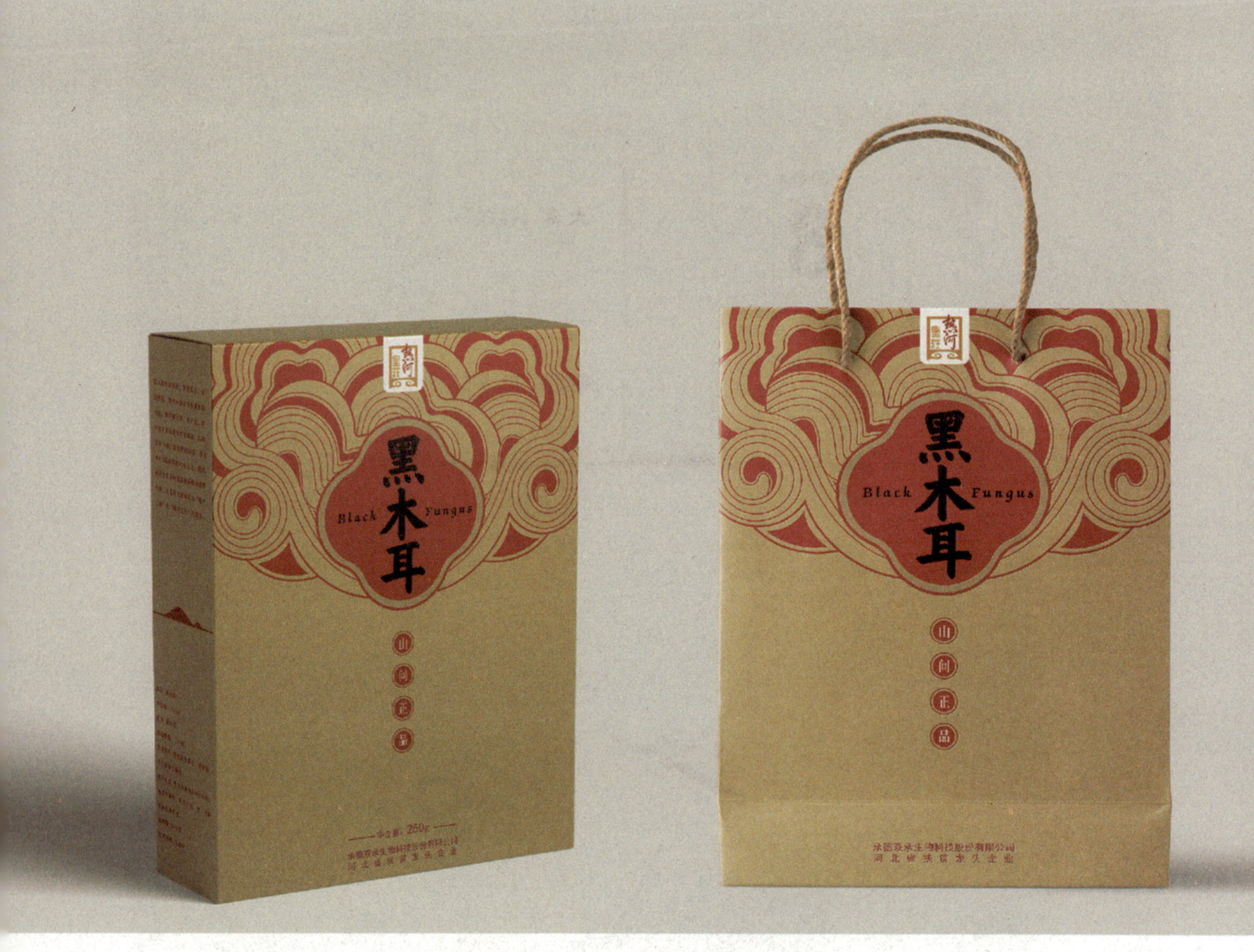

项目名称：黑木耳包装设计
采用单位：承德市双承生物科技股份有限公司
完成时间：2020.02
创作总监：甄永亮
设计执行：刘　杨

项目名称：胡麻油包装设计
采用单位：滦福源农业发展有限公司
完成时间：2018.05
创作总监：甄永亮
设计执行：程　聪

项目名称：杏核宝包装设计
采用单位：北大荒承德太平洋饮品有限公司
完成时间：2019.03
创作总监：甄永亮
设计执行：张佳丽

项目名称：木兰云液包装设计
采用单位：承德御道融创文化发展有限公司
完成时间：2019.11
创作总监：甄永亮
设计执行：张孝林、张雨晨

项目名称：金莲花茶包装设计
采用单位：承德市国营鱼儿山牧场
完成时间：2018.12
创作总监：甄永亮
设计执行：张雨晨、刘　杨
专业奖项：中国包装创意设计大赛 三等奖

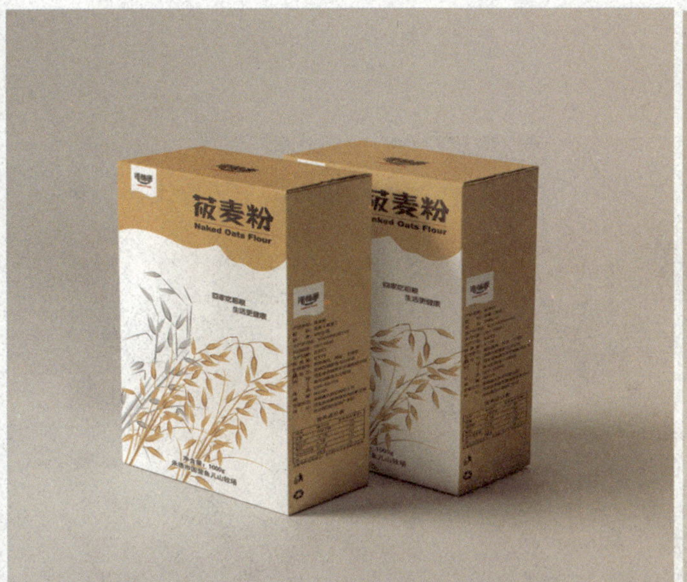

项目名称：莜麦粉、荞麦粉包装设计
采用单位：承德市国营鱼儿山牧场
完成时间：2019.05
创作总监：甄永亮
设计执行：刘　杨、张雨晨

项目名称：蒲公英茶包装设计
采用单位：承德市国营鱼儿山牧场
完成时间：2019.03
创作总监：甄永亮
设计执行：张雨晨

项目名称：燕麦米、荞麦米包装设计
采用单位：承德市国营鱼儿山牧场
完成时间：2019.07
创作总监：甄永亮
设计执行：张冬冬、李朔岭

项目名称：沙棘茶、苦荞茶包装设计
采用单位：承德市国营鱼儿山牧场
完成时间：2019.04
创作总监：甄永亮
设计执行：赵晓亮、倪晓萍

项目名称：贡米包装设计
采用单位：承德百亩良田生态农业发展有限公司
完成时间：2018.10
创作总监：甄永亮
设计执行：焦　洋、姜　晨、张佳丽、高张冉

DESIGN
FOR
CHENGD

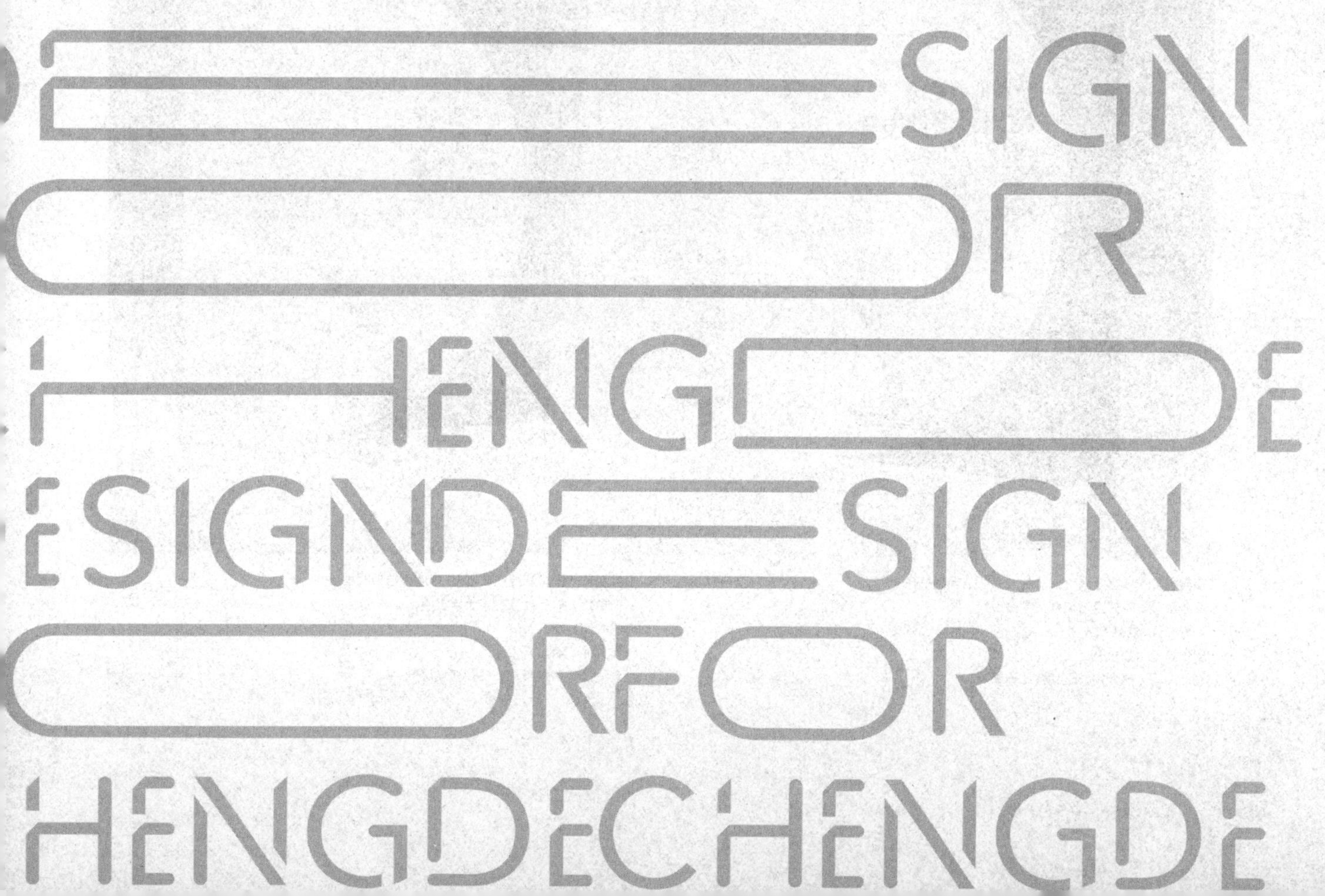

项目名称：博鳌亚洲论坛2017年度报告系列书籍
采用单位：对外经济贸易大学出版社
完成时间：2017.06
创作总监：甄永亮
设计执行：高张冉、王　超、任美凤

项目名称：博鳌亚洲论坛2018 年度报告系列书籍
采用单位：对外经济贸易大学出版社
完成时间：2018.06
创作总监：甄永亮
设计执行：高张冉、王　超、任美凤

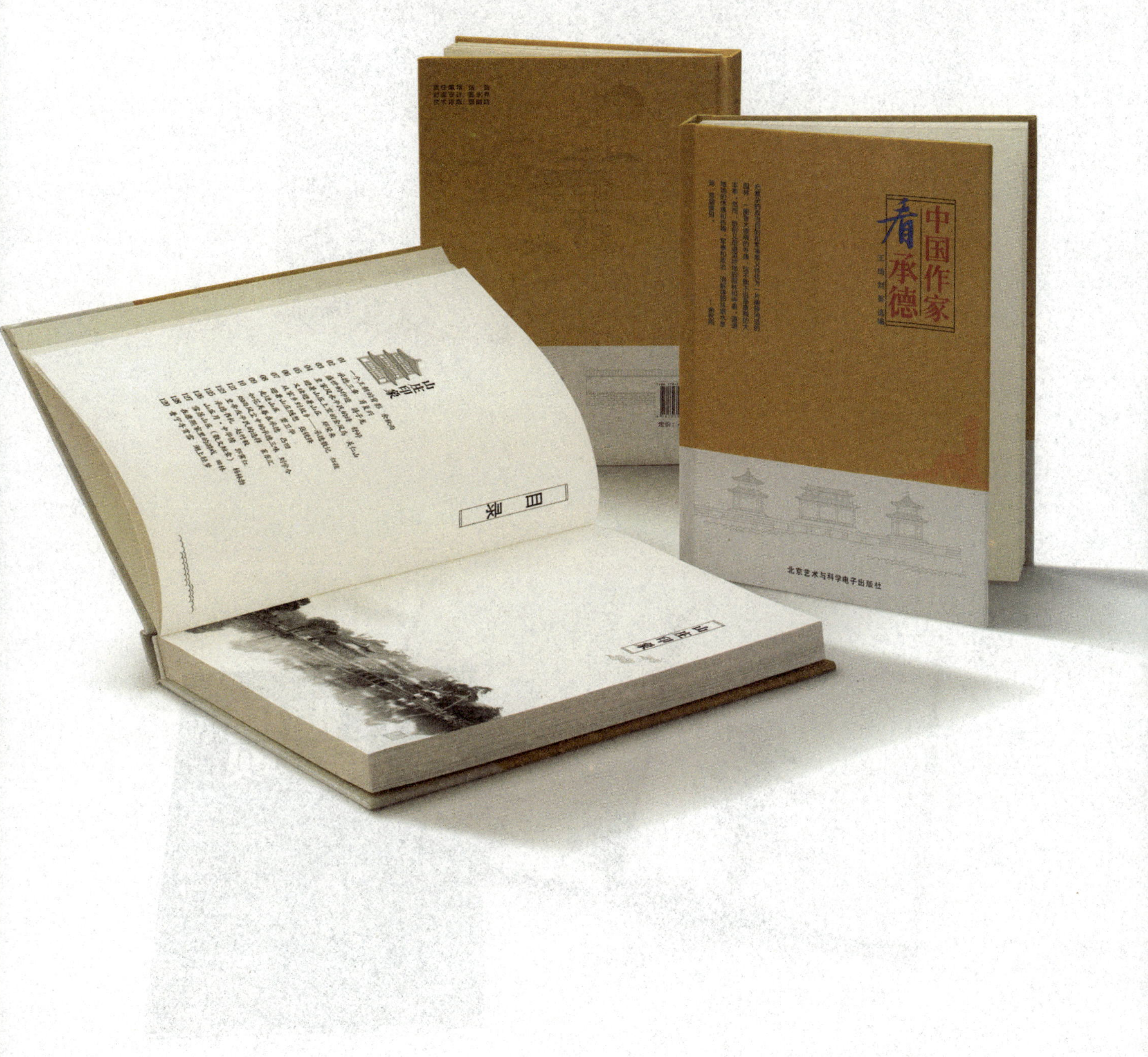

项目名称：《中国作家看承德》
采用单位：承德市文学艺术界联合会
完成时间：2018.10
创作总监：甄永亮
设计执行：秦　静

项目名称:《和合承德》
采用单位:政协承德市委员会
完成时间:2020.05
创作总监:甄永亮
设计执行:刘　杨、赵莹莹

项目名称:《时代楷模塞罕坝》
采用单位:承德市委宣传部
完成时间:2017.09
创作总监:甄永亮
设计执行:甄永亮

项目名称：《高校党政办公室工作艺术》
采用单位：北京艺术与科学电子出版社
完成时间：2015.11
创作总监：甄永亮
设计执行：赵　楠

项目名称：《我在民大的日子》
采用单位：河北民族师范学院
完成时间：2017.05
创作总监：甄永亮
设计执行：张孝林

项目名称："对外经济贸易大学附属中学（北京第九十四中学）建校六十周年文集"系列丛书
采用单位：对外经济贸易大学出版社
完成时间：2015.07
创作总监：甄永亮
设计执行：杨瑞亚

对外经济贸易大学附属中学（北京市第九十四中学）建校六十周年文集
耕耘集
活力课堂优秀教学设计精选
刘国雄 主编
对外经济贸易大学出版社
University of International Business and Economics Press

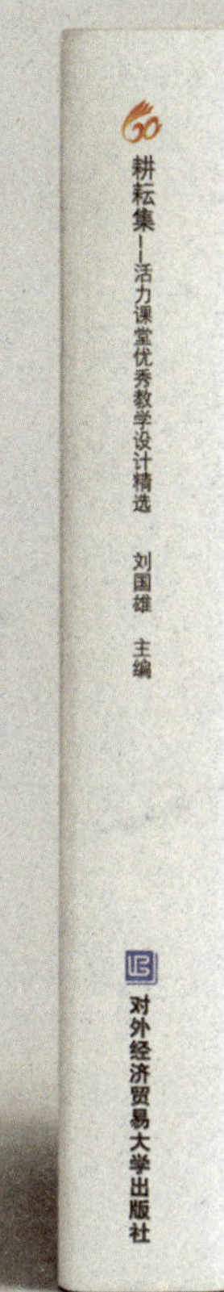
耕耘集——活力课堂优秀教学设计精选
刘国雄 主编
对外经济贸易大学出版社

无界的教育
对外经济贸易大学附属中学（北京市第九十四中学）建校六十周年文集
无界的教育
刘国雄 主编
对外经济贸易大学出版社

项目名称："对外经济贸易大学附属中学（北京第九十四中学）建校六十周年文集"系列丛书
采用单位：对外经济贸易大学出版社
完成时间：2015.07
创作总监：甄永亮
设计执行：杨瑞亚

对外经济贸易大学附属中学（北京市第九十四中学）建校六十周年文集
趣味编纸（下）
宋文祥 著
对外经济贸易大学出版社
对外经济贸易大学附属中学（北京市第九十四中学）建校六十周年文集
趣味编纸（上）
宋文祥 著
对外经济贸易大学出版社

项目名称：《黑龙江省野生植物识别图鉴》
采用单位：科学出版社
完成时间：2018.06
创作总监：甄永亮
设计执行：秦　静

项目名称：《南祁连党河南山早古生代构造演化与金矿成矿》
采用单位：科学出版社
完成时间：2017.07
创作总监：甄永亮
设计执行：秦　静

项目名称：《消费经济学》
采用单位：对外经济贸易大学出版社
完成时间：2019.11
创作总监：甄永亮
设计执行：张冬冬

项目名称：《安全管理中的未遂事件研究》
采用单位：科学出版社
完成时间：2019.03
创作总监：甄永亮
设计执行：曹加帅

项目名称：《学前教育管理体制改革的方向与制度设计——基于政府治理模式转型的视角》
采用单位：科学出版社
完成时间：2019.05
创作总监：甄永亮
设计执行：曹加帅、张雨晨

项目名称：《云南边境少数民族民生改善的问题与对策》
采用单位：科学出版社
完成时间：2020.04
创作总监：甄永亮
设计执行：肖　晴

项目名称：《联网海量搜索数据挖掘研究及其在预测和预警中的应用》
采用单位：科学出版社
完成时间：2019.04
创作总监：甄永亮
设计执行：肖　晴、杨正朝

项目名称：《应对老龄社会的基础科学问题研究》
采用单位：科学出版社
完成时间：2019.07
创作总监：甄永亮
设计执行：赵晓亮

项目名称：《中国西部开发开放报告 2019——新时代乡村振兴之路》
采用单位：科学出版社
完成时间：2019.03
创作总监：甄永亮
设计执行：肖　晴、郭子杰

项目名称 ：《土地生态状况调查与评估方法及实践》《生态用地网格化管理研究及应
采用单位 ：科学出版社
完成时间 ：2019.05
创作总监 ：甄永亮
设计执行 ：曹加帅、张雨晨

项目名称：《管理科学学报（英文版）》
采用单位：管理科学学报
完成时间：2018.01
创作总监：甄永亮
设计执行：张冬冬

项目名称：《东皋琴谱校译》
采用单位：对外经济贸易大学出版社
完成时间：2018.01
创作总监：甄永亮
设计执行：张冬冬

项目名称：《生态移民——来自青藏高原的民族志报告》
采用单位：科学出版社
完成时间：2018.05
创作总监：甄永亮
设计执行：曹加帅、陈　明

DESIGN for CHENGD

红绿镯子，精选黑檀木胎，以纯天然植物大漆为材料，无毒环保，经过层层髹涂、研磨，使每一层的颜色交融，呈现像云霞一般流动的灵气。

平安牌，寓意平安如意。双面采用纯大漆工艺，搭配大漆珠，不拘于肌理图案，虽是物，却彰显出独特的生命色彩。

大漆手串，精选黑檀木胎，上漆20余道，制作周期120多天，多次上金，多次髹漆，反复打磨、推光、楷清而成，一颗小小的珠子承载了几十道的制作工序，付出的越多最后反馈的效果就越理想，这也是手作的魅力所在。

作品名称：漆　器
作　　者：熊　英

大漆瓜形盒，精选老酸枝木胎，盒内为黑色素髹底打磨，沉稳大气。所有纹路皆由数十道工序完成，制作过程复杂，纹理由各色漆层自然交汇而成。盒身所具有的金色纹理，是在制作时贴入了金箔逐渐显现而成。这是一个极为缓慢而苛刻的过程，手工成为必须，不拘于肌理图案，鲜艳动人，虽是物，却彰显出独特的生命色彩。它的工艺，是任何机器都无法完成的。

大漆方盒，精选优质椴木，盒内黑色素髹底打磨，沉稳大气。所有路皆经数十道工序打磨，才呈现出本斑纹。盒身所具有的点点星光，在制作时贴入了金箔，才逐渐显现。

大漆镇纸，精选榉木木胎。时常在想，世间美好的事情，就是在生命的路上遇见一个如心合意的人，在清茶中相依，在大漆中做梦，在岁月中相伴，不在乎风景，也不管风雨，只为一刹那的回眸，仍是那个最初遇见的你。一朝遇见，此生，你将不再走远。

大漆碗，使用椴木木胎，可以当作饭碗或是汤碗，以纯天然植物大漆为材料。娇媚的尤物，散发迷人的温存，触碰唇齿的一刻，宛若初恋情人的芳唇，令人心情激荡，仿如柔情依依，软玉入怀，这种感觉和瓷器或是金属是截然不同的，它有温度感。

《避暑山庄主题文创产品设计》为承德市高新区科技汇智领创空间 2018 年度课题“避暑山庄七十二景图形及衍生品设计研究”成果

课题编号：CGX2018HLC0012

项目主持人：甄永亮

项目成员：关志英、陈　明、李　雪、倪晓萍、刘薛唱晓、蒋秀丹

完成时间：2020.11

避暑山莊
熱河

金山亭主题马克杯、宫扇、丝巾设计

金山亭主题丝巾设计

避暑山庄折扇设计

扇面题字：张明利，中国书法家协会会员，承德市书法家协会主席，河北民族师范学院美术与设计学院教授、院长。

避暑山庄主题钥匙扣设计

避暑山庄主题手机壳设计

避暑山庄主题明信片、滑板图案设计

木兰围场主题文创产品研发初探

木兰围场主题文创产品研发从坝上地区最具代表性的马、牛、羊和地形特点入手，将这些动物进行抽象化设计。马、牛、羊是草原上最具代表性的动物，古人在绘画中对这三者进行了多种形式的绘写。在整套马、牛、羊图形的设计中，通过对马、牛、羊的特征进行夸张和变形，使图形具有多重属性，将马、牛、羊分割为不同的块面，辅以点线面的装饰，表现出草原动物的刚烈和柔美，呈现出一种现代时尚之美。图形可以应用在多种文创产品的开发设计中，具有良好的延展性。

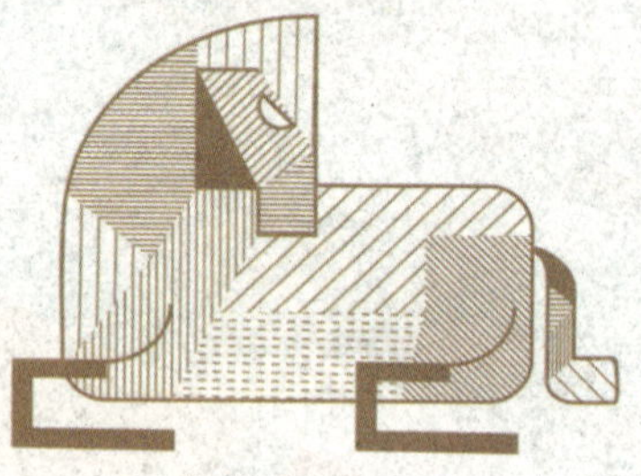

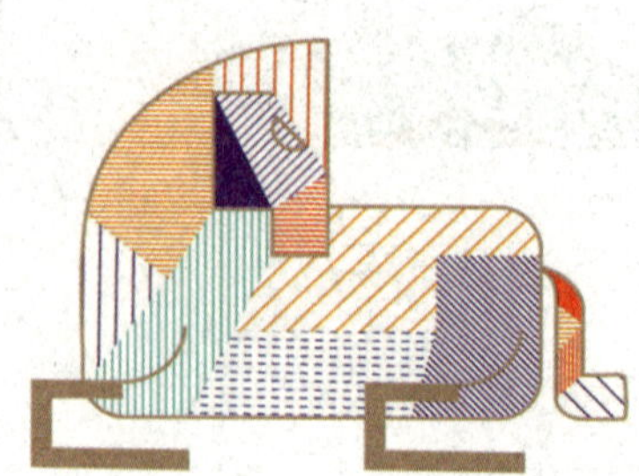

马、牛、羊图形设计

木兰围场主题文创产品设计

DESIGN
fOr
CHENGD

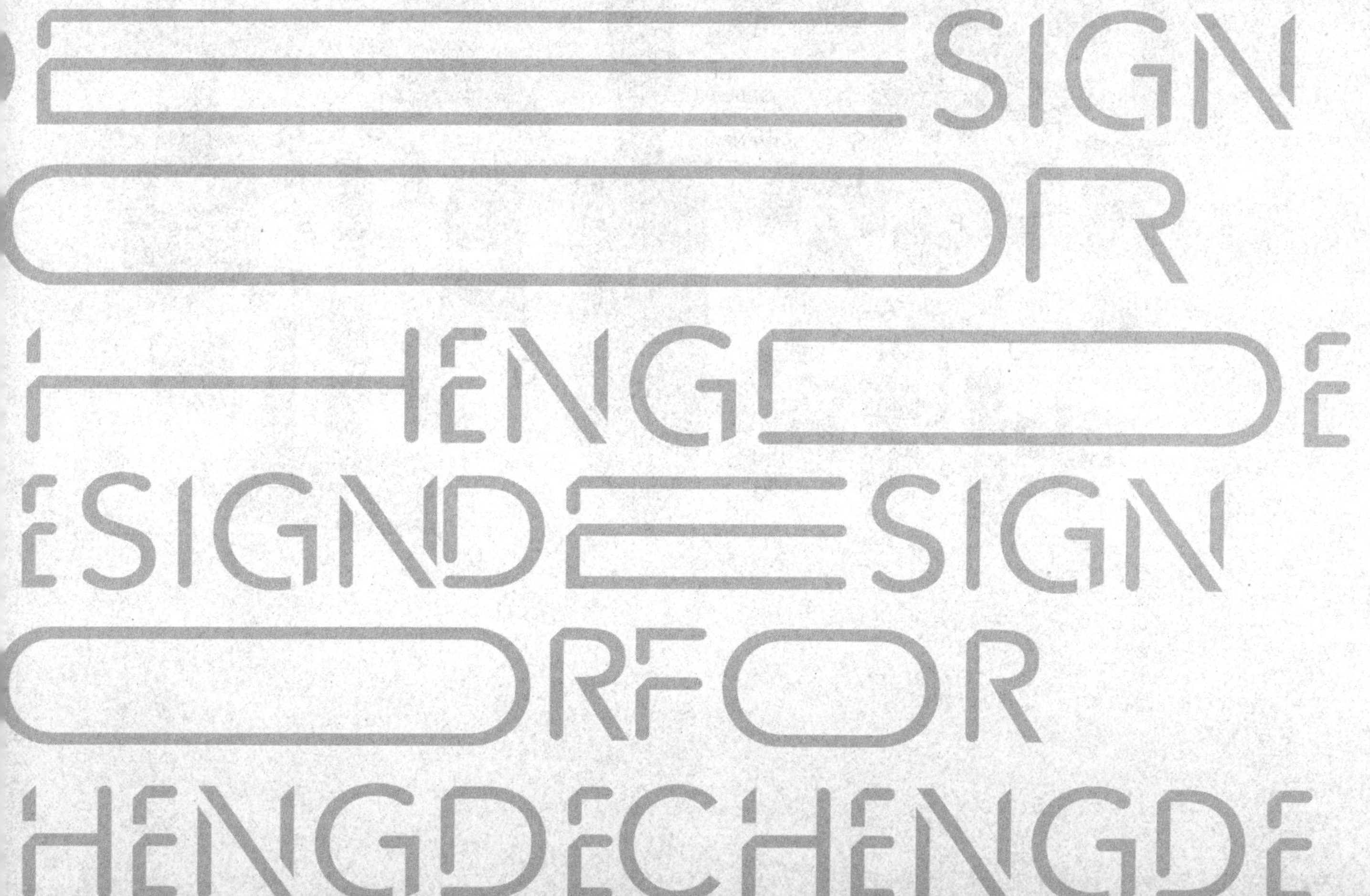

作品名称：弘扬塞罕坝精神
完成时间：2019.06
作　　者：甄永亮
专业奖项：北京国际设计周水墨设计展 优秀奖

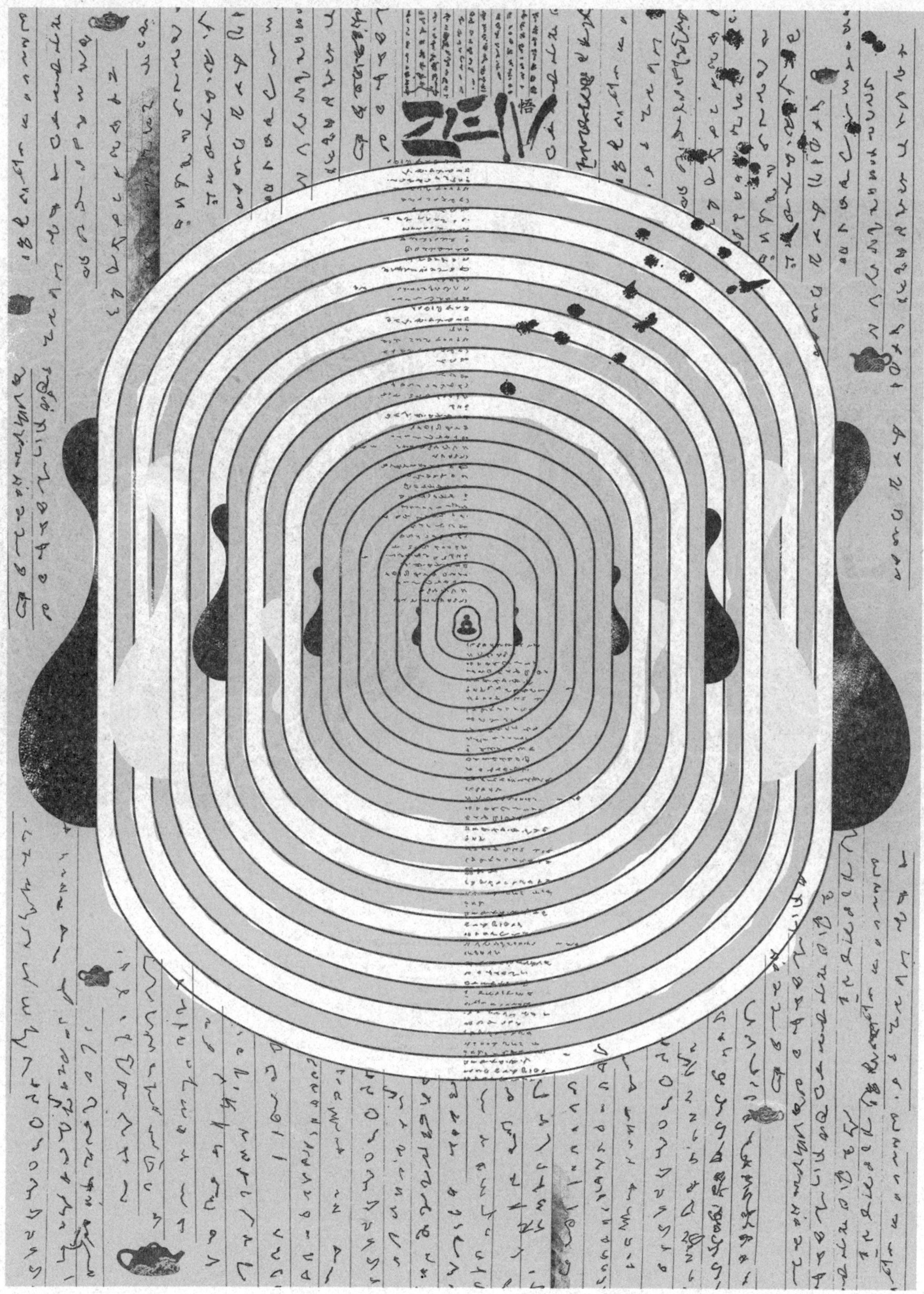

作品名称：悟
完成时间：2019.11
作　　者：甄永亮
专业奖项：2019台湾国际平面设计双年奖 优异奖
上海亚洲平面设计双年展 入展

作品名称：文化济宁
完成时间：2019.04
作　　者：甄永亮
专业奖项："印象济宁"主题海报知名设计师特别邀请展 入展

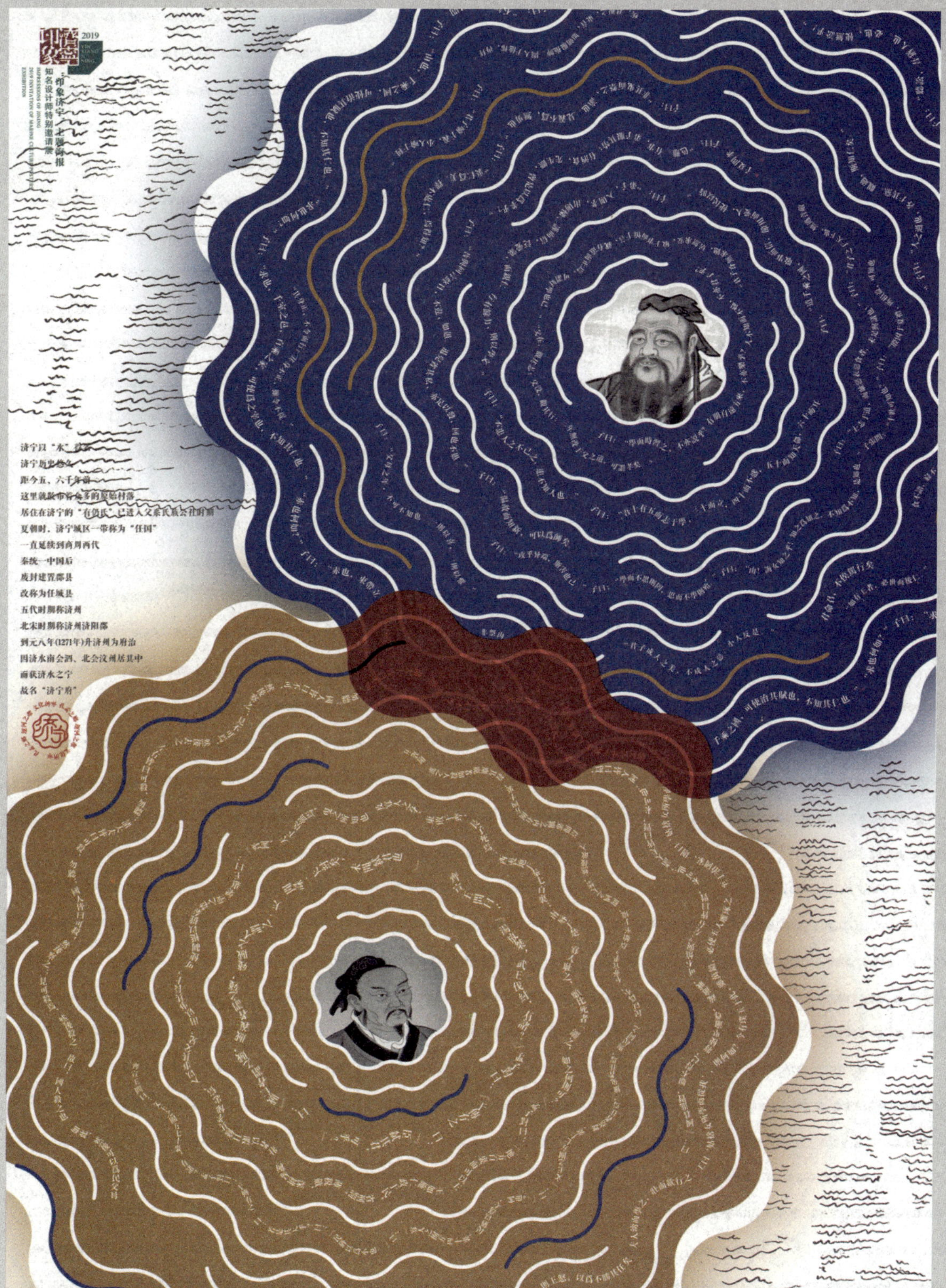
2019
“印象济宁”主题海报
知名设计师特别邀请展
IMPRESSIONS OF JINING
2019 INVITATION OF MAKING CULTURE POSTERS EXHIBITION
济宁以“水”得名
济宁历史悠久
距今五、六千年前
这里就散布着众多的原始村落
居住在济宁的“有仍氏”已进入父系氏族公社时期
夏朝时，济宁城区一带称为“任国”
一直延续到商周两代
秦统一中国后
废封建置郡县
改称为任城县
五代时期称济州
北宋时期称济州济阳郡
到元八年(1271年)升济州为府治
因济水南会泗、北会汶州居其中
而获济水之宁
故名“济宁府”

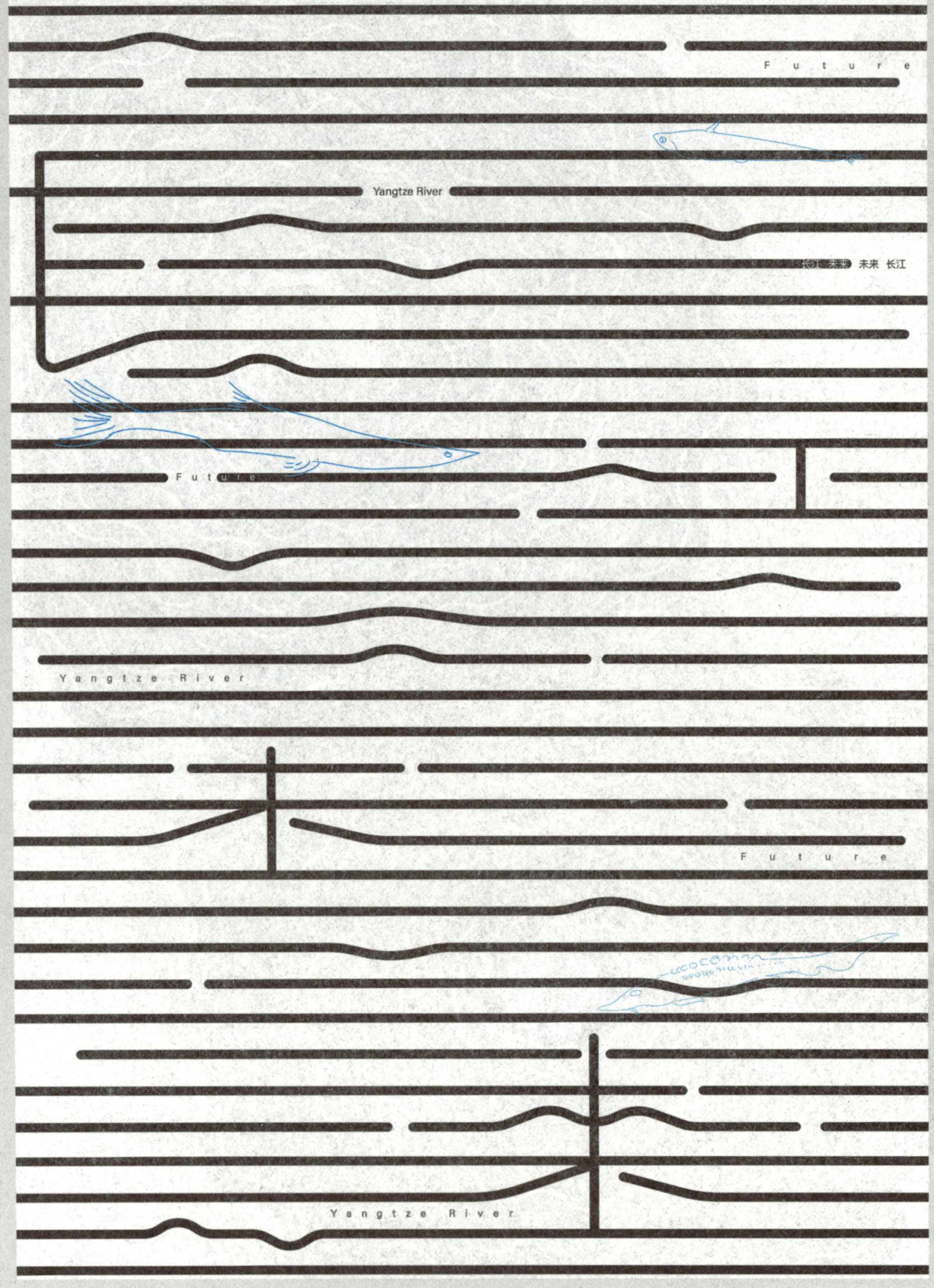

作品名称：长江未来
完成时间：2020.10
作　　者：甄永亮
专业奖项："长江未来"2020国际公益海报设计邀请展 入展

作品名称：地球卫士之塞罕坝
完成时间：2019.08
作　　者：甄永亮
专业奖项：中国包装创意设计大赛 三等奖

作品名称：社会主义核心价值观
完成时间：2019.09
创作总监：甄永亮
作　　者：赵琦琦、王晓颖、陈　明
专业奖项：首届全国平面设计大展 入选(中国美术家协会)

中国
社会主义核心价值观
CORE SOCIALIST VALUES
HARMONIOUS
中国
社会主义核心价值观
CORE SOCIALIST VALUES
HARMONIOUS

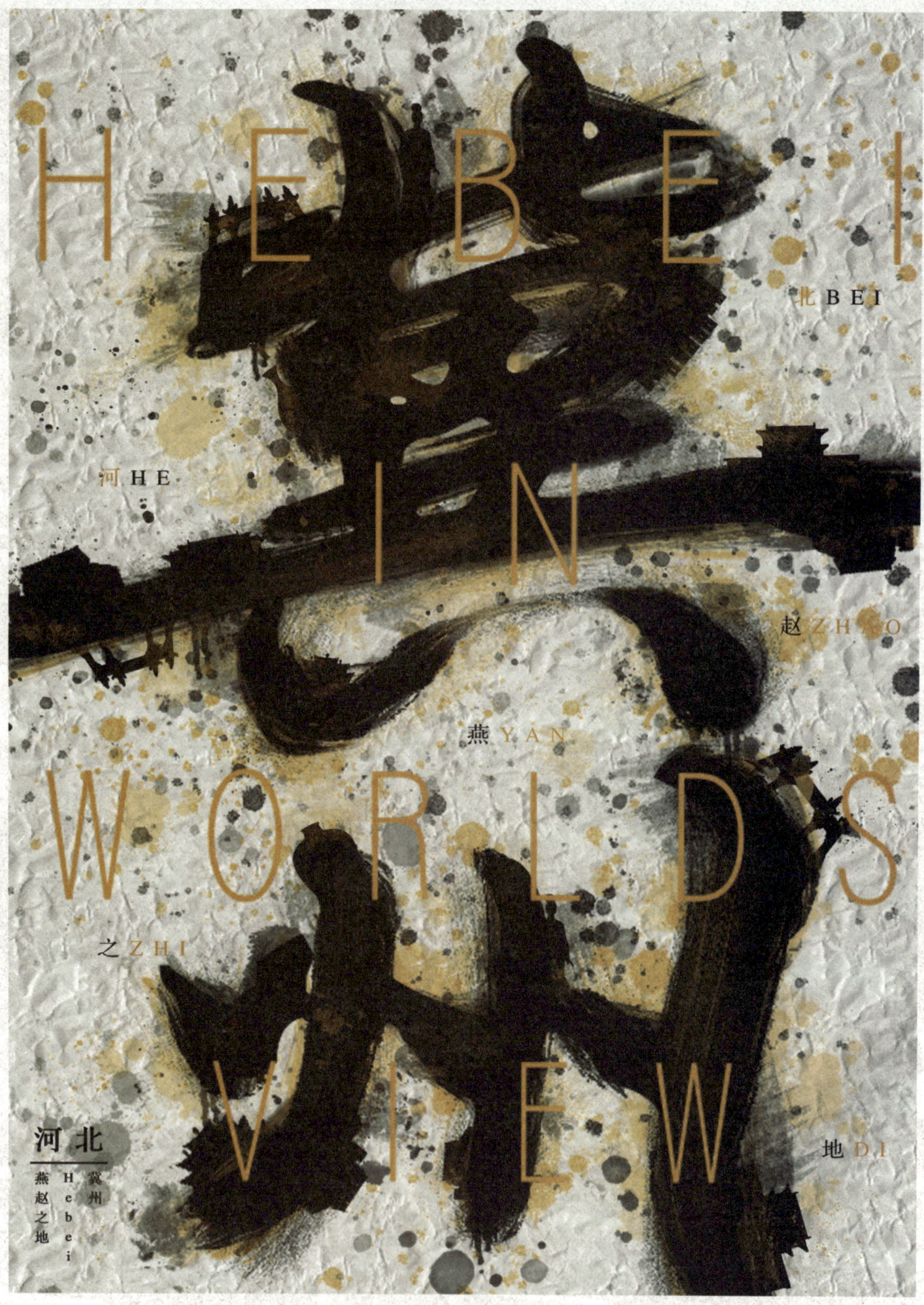

作品名称：冀州
完成时间：2019.09
创作总监：甄永亮
作　　者：赵琦琦
专业奖项：世界看河北海报设计展 入选

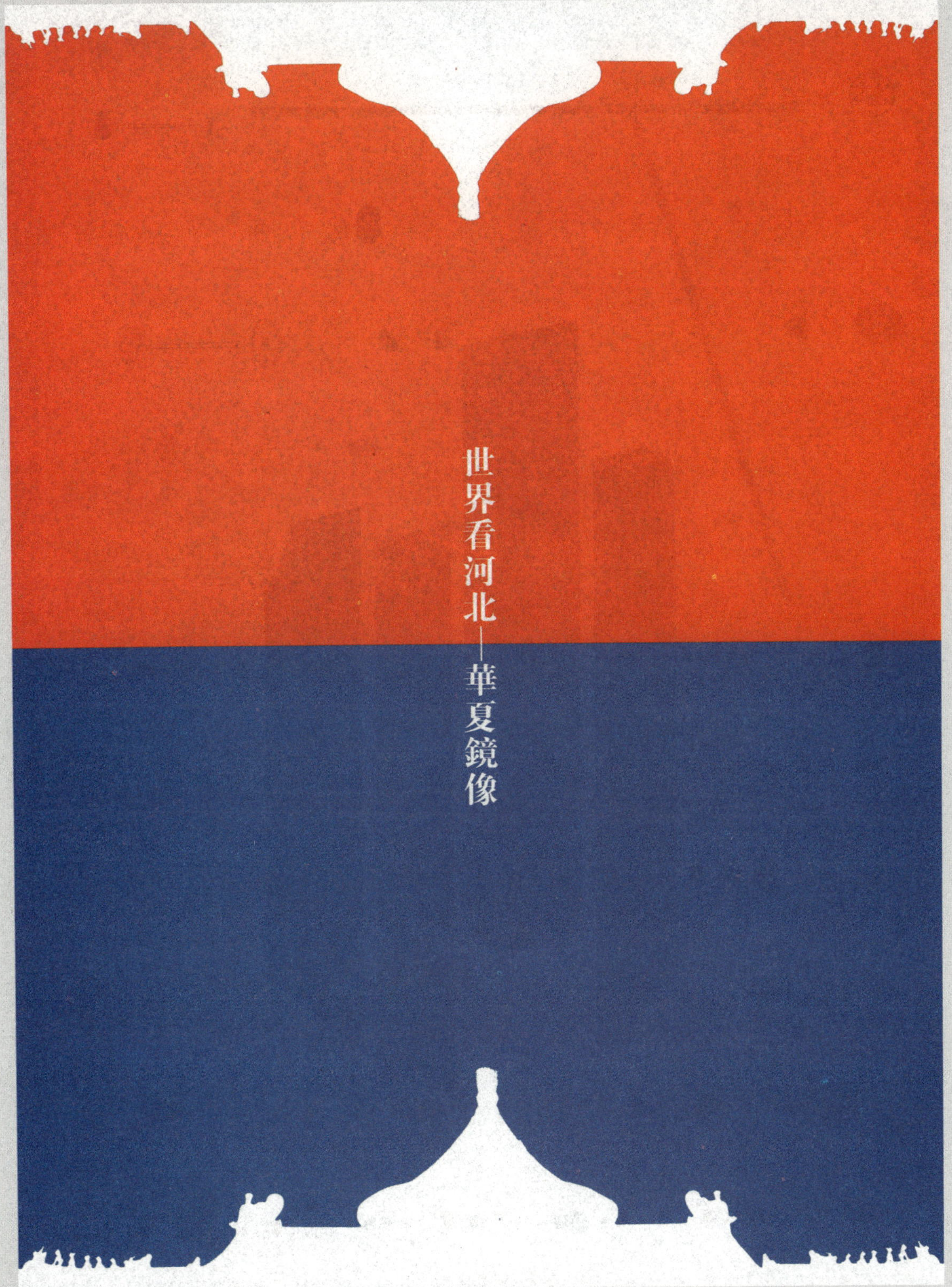

作品名称：华夏镜像
完成时间：2019.09
创作总监：甄永亮
作　　者：赵晓亮
专业奖项：世界看河北海报设计展 入选

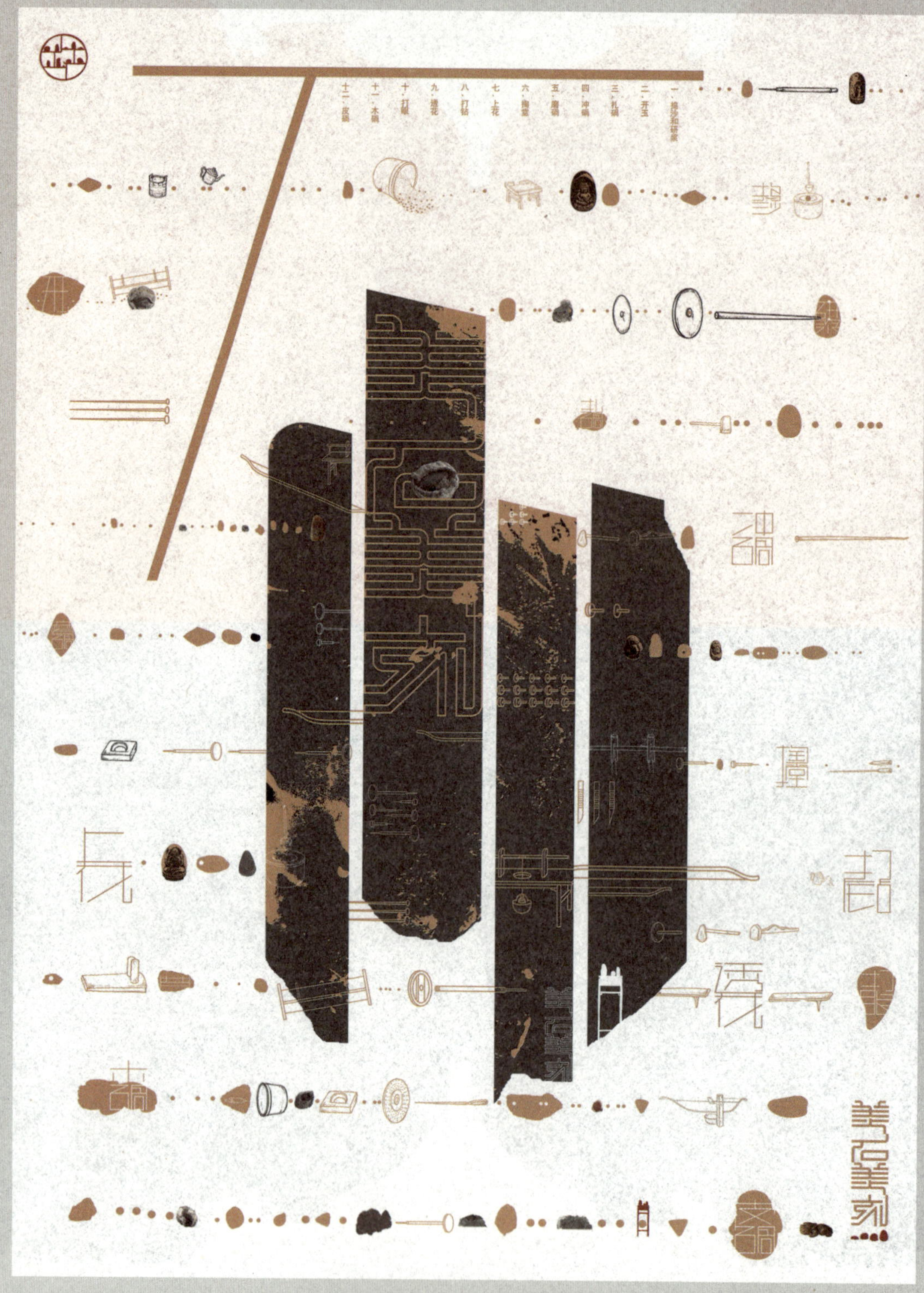

作品名称：美石美刻
完成时间：2018.09
作　　者：甄永亮
专业奖项：第四届波兰卢布林国际海报设计双年展 入展

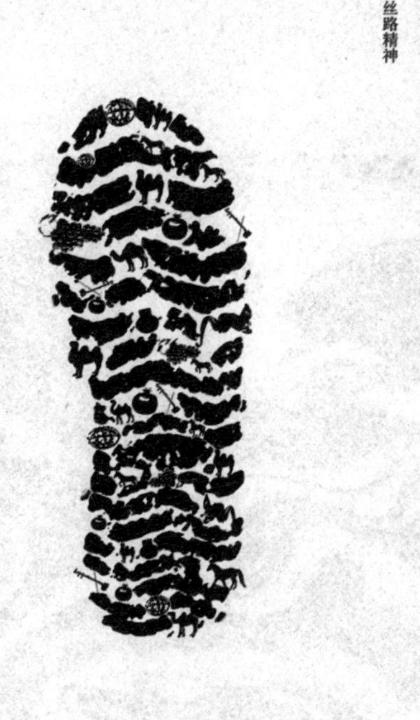

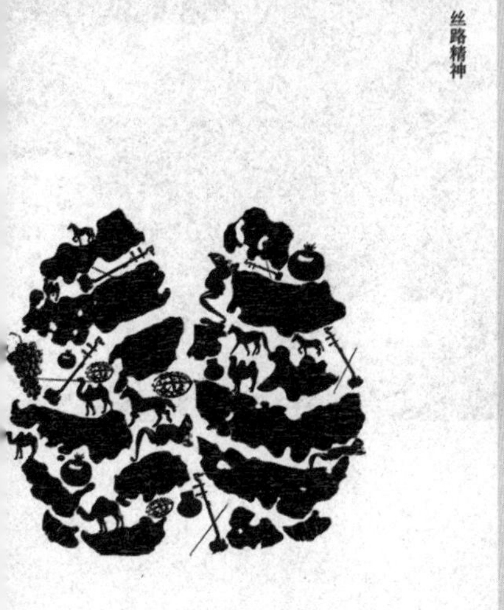

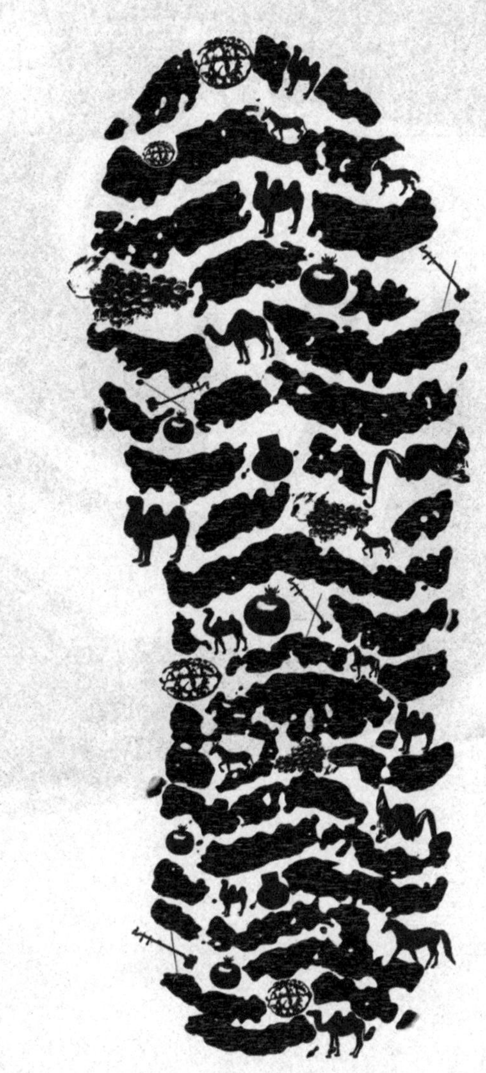

作品名称：印痕
完成时间：2015.12
指导教师：甄永亮
作　　者：裴佳钰
专业奖项：丝路精神首届西部国际设计双年展 二等奖

作品名称：水飞墨舞
完成时间：2016.05
作　　者：甄永亮
专业奖项：北京国际设计周水墨设计展 入展

作品名称：丝路精神
完成时间：2015.12
指导教师：甄永亮
作　　者：张艳南
赛事名称：第五届全国高等院校设计艺术大赛　一等奖

作品名称：丝路精神
完成时间：2015.10
创作总监：甄永亮
作　　者：王晓龙
专业奖项：全国新闻出版行业平面设计大赛　三等奖
　　　　　丝路精神西部国际设计双年展　优秀奖

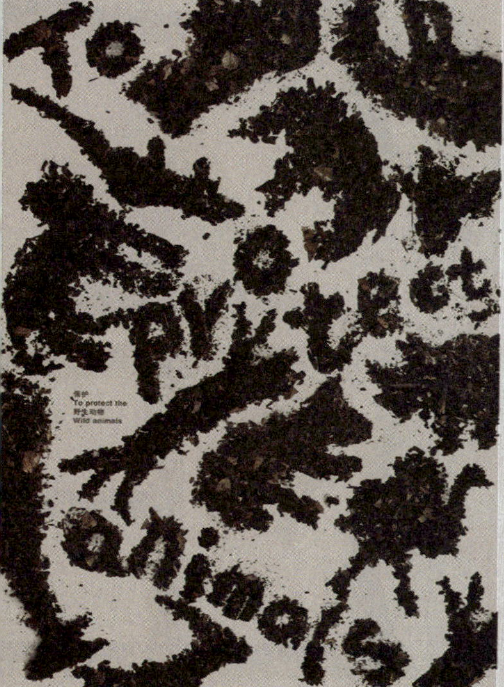

作品名称：保护野生动物
完成时间：2019.11
创作总监：甄永亮
作　　者：王晓颖、赵琦琦
专业奖项：山西平面设计奖 二等奖

作品名称：全球变暖
完成时间：2020.04
创作总监：甄永亮
作　　者：陈　明
专业奖项：第二届全国新闻出版行业平面设计大赛 三等奖

作品名称：社会主义核心价值观
完成时间：2019.10
创作总监：甄永亮
作　　者：曹加帅
专业奖项：2020俄罗斯金蜜蜂国际海报设计双年展 入展
　　　　　深圳公益广告设计大赛 优秀奖

社会主义核心价值观
CORE SOCIALIST VALUES
和谐
HARMONIOUS
社会主义核心价值观
CORE SOCIALIST VALUES
爱国
PATRIOTISM
社会主义核心价值观
CORE SOCIALIST VALUES
民主
DEMOCRACY
社会主义核心价值观
CORE SOCIALIST VALUES
法治
RULE OF LAW
社会主义核心价值观
CORE SOCIALIST VALUES
诚信
INTEGRITY
社会主义核心价值观
CORE SOCIALIST VALUES
敬业
DEDICATION

作品名称：无畏
完成时间：2019.05
指导教师：甄永亮
作　　者：曹加帅、陈　明
专业奖项：第十一届全国大学生广告艺术大赛 三等奖

作品名称：中国梦 生态梦
完成时间：2015.06
指导教师：甄永亮
作　　者：刘志强、刘星池
专业奖项：第八届全国大学生广告艺术大赛 三等奖

作品名称：多变口味
完成时间：2015.06
指导教师：甄永亮
作　　者：郭浩然
专业奖项：第八届全国大学生广告艺术大赛 二等奖

作品名称：自有一套
完成时间：2019.06
指导教师：甄永亮
作　　者：曹加帅、刘　杨
专业奖项：第十一届全国大学生广告艺术大赛 优秀奖

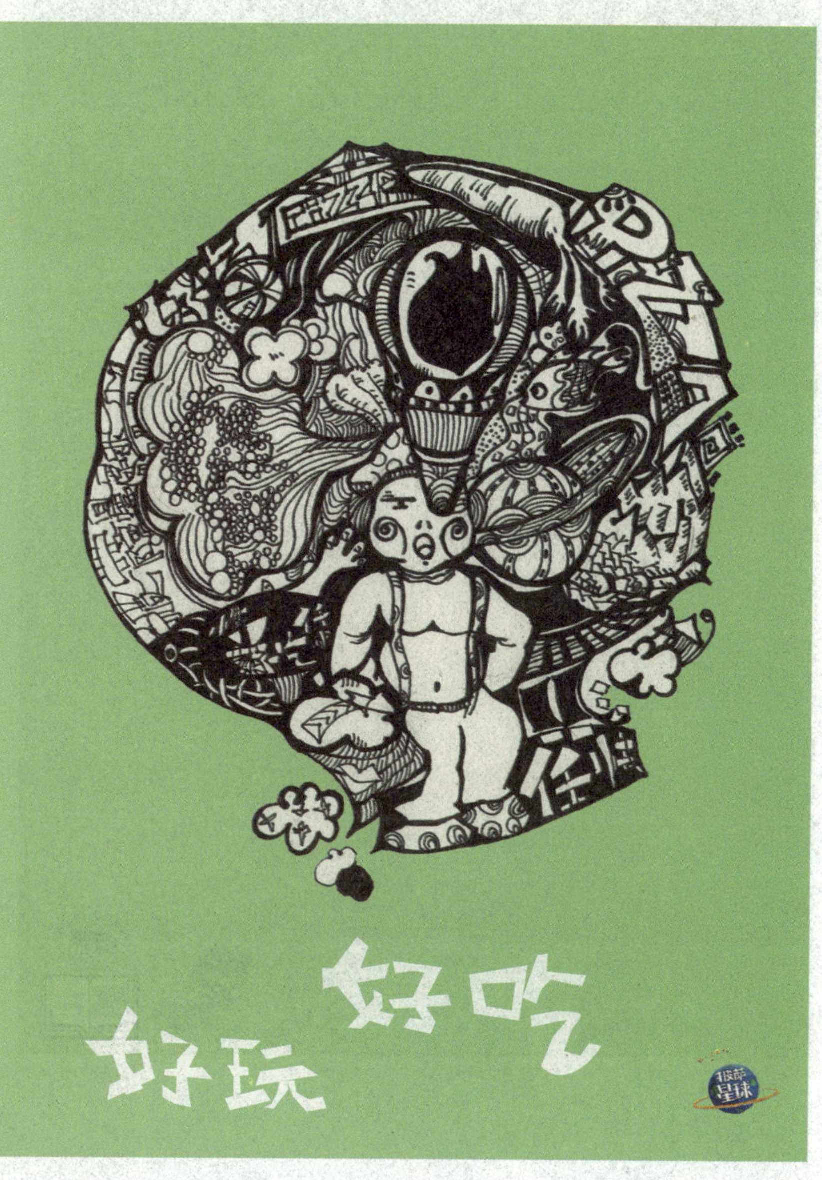

作品名称：好玩好吃
完成时间：2015.06
指导教师：甄永亮
作　　者：武建华
专业奖项：第八届全国大学生广告艺术大赛　三等奖

作品名称：舒适透气找洁婷
完成时间：2017.09
指导教师：甄永亮
作　　者：王　慧
专业奖项：第八届全国大学生广告艺术大赛 三等奖

作品名称：自然之美
完成时间：2017.09
指导教师：甄永亮
作　　者：陈鑫前
专业奖项：第八届全国大学生广告艺术大赛 三等奖

一起来平遥

一起来平遥

一起来平遥

作品名称：一起来平遥
完成时间：2017.06
指导教师：甄永亮
作　　者：刘宇芳
专业奖项：第九届全国大学生广告艺术大赛 二等奖

作品名称：披萨如此多娇
完成时间：2016.06
指导教师：甄永亮
作　　者：王　琳
专业奖项：第八届全国大学生广告艺术大赛 二等奖

作品名称：科技奥普
完成时间：2018.10
设计指导：甄永亮
作　　者：刘　杨、曹加帅
专业奖项：第十九届白金创意国际大学生平面设计大赛 二等奖

作品名称：吃货来袭
完成时间：2016.06
指导教师：甄永亮
作　　者：李福超
专业奖项：第八届全国大学生广告艺术大赛 三等奖

作品名称：自由出行 因你而动
完成时间：2019.06
指导教师：甄永亮
作　　者：曹加帅
专业奖项：第十二届全国大学生广告艺术大赛 三等奖

DESIGN FOR CHENGDU

作品名称：众志成城 万众一心
完成时间：2020.02
作　　者：甄永亮、甄伊辰
专业奖项：教育部教育系统抗疫斗争伟大实践影像、海报展 入展
河北省公益广告设计大赛 二等奖

作品名称：同呼吸 共命运
完成时间：2020.03
作　　者：甄永亮、甄伊辰
专业奖项：教育部教育系统抗疫斗争伟大实践影像、海报展 入展

作品名称：众志成城 共克时艰
完成时间：2020.02
作　　者：甄永亮、甄伊辰
专业奖项：河北省公益广告大赛 三等奖

作品名称：呼吸
完成时间：2020.04
作　　者：甄永亮、甄伊辰
专业奖项：济宁市公益广告展 入展

作品名称：向逆行者致敬
完成时间：2020.03
指导教师：甄永亮
作　　者：刘　杨
专业奖项：陕西省公益广告大赛　一等奖

作品名称：诸邪莫近
完成时间：2020.03
指导教师：甄永亮
作　　者：曹加帅
专业奖项：“团结就是力量”辽宁省公益广告展　入展

作品名称：武汉加油
完成时间：2020.04
指导教师：甄永亮
作　　者：张雨晨
专业奖项：“团结就是力量”辽宁省公益广告展　入展

作品名称：不传谣
完成时间：2020.04
指导教师：甄永亮
作　　者：刘薛唱晓
专业奖项：东方创意之星设计大赛　入围

作品名称：硬核防疫
完成时间：2020.03
指导教师：甄永亮
作　　者：赵琦琦
专业奖项：河北省公益广告大赛 二等奖

作品名称：蝠去福到
完成时间：2020.04
指导教师：甄永亮
作　　者：陈 明
专业奖项：河北省公益广告大赛 优秀奖

作品名称：众志成城
完成时间：2020.03
指导教师：甄永亮
作　　者：赵晓亮
专业奖项：河北省公益广告大赛 优秀奖

作品名称：不信谣 不传谣
完成时间：2020.03
指导教师：甄永亮
作　　者：倪晓萍
专业奖项："团结就是力量"辽宁省公益广告展 入展

作品名称：和谐共存
完成时间：2020.04
指导教师：甄永亮
作　　者：王晓颖
专业奖项："团结就是力量"辽宁省公益广告展 入展

作品名称：封锁
完成时间：2020.04
指导教师：甄永亮
作　　者：杨正朝
专业奖项：城市的温度抗疫海报设计专题展 入展

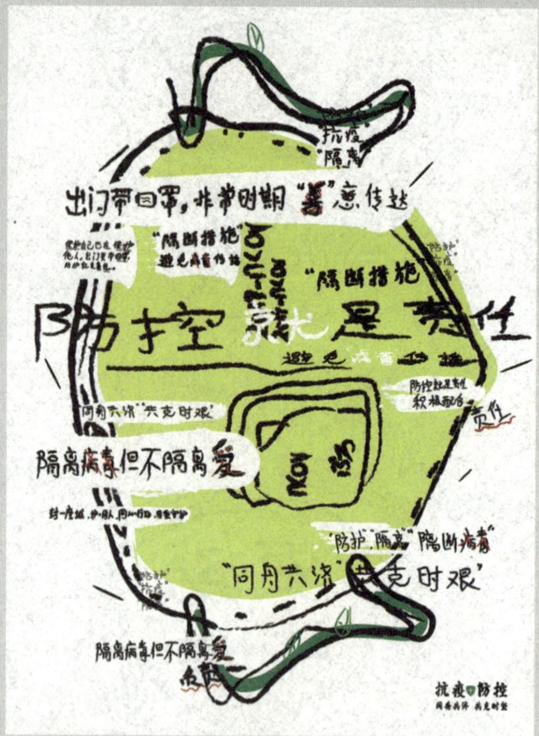

作品名称：硬核防疫
完成时间：2020.04
指导教师：甄永亮
作　　者：赵莹莹
专业奖项：河北省公益广告大赛 优秀奖

作品名称：孤毒
完成时间：2020.04
指导教师：甄永亮
作　　者：闫刚鑫
专业奖项："团结就是力量"辽宁省公益广告展 入展

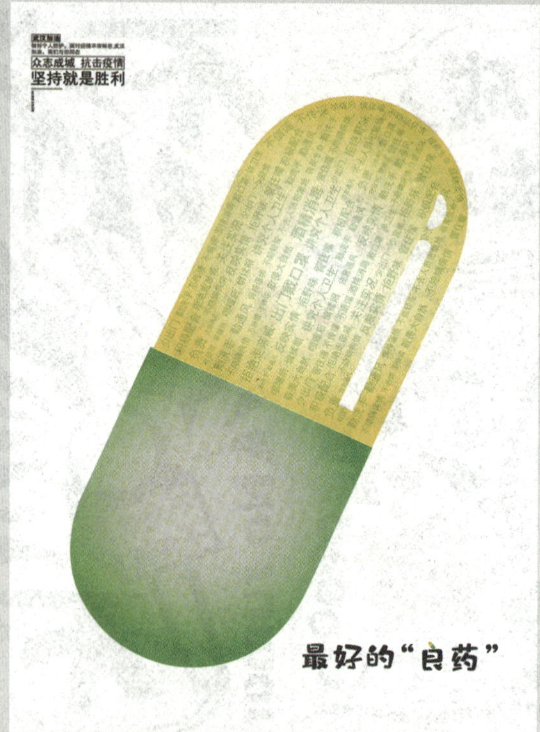

作品名称：最好的"良药"
完成时间：2020.04
指导教师：甄永亮
作　　者：郭子杰
专业奖项："团结就是力量"辽宁省公益广告展 入展

感谢潜行路上遇到的每一个人。